Der Mann, ein Held.

Mathieu Laurent & Vincent Paul

AF185783

www.tredition.de

Impressum:

© 2014 Mathieu Laurent & Vincent Paul
www.dermanneinheld.de

Umschlaggestaltung: Torpedo Leipzig, www.torpedoleipzig.de
Korrektorat u. Satz: Angelika Fleckenstein, spotstock.de

Verlag: tredition GmbH, Hamburg
ISBN: 978-3-7323-0871-2 (Paperback)
          978-3-7323-0872-9 (e-Book)

Printed in Germany

Bibliografische Information der Deutschen Nationalbibliothek: Die Deutsche Nationalbibliothek verzeichnet diese Publikation in der Deutschen Nationalbibliografie; detaillierte bibliografische Daten sind im Internet über http://dnb.dnb.de abrufbar.

DER MANN, EIN HELD.

EIN BUCH VON MÄNNERN FÜR MÄNNER, DIE WISSEN WOLLEN, WIE SIE BEI FRAUEN ERFOLGREICH SIND.

Kurzbeschreibung

Dieses Buch ist von Männern für Männer geschrieben, die erfolgreich bei Frauen sein wollen. Dabei beschreiben wir, wie Du Dich zum Helden machen kannst, was bei jeder Frau gut ankommt, die einen Helden in ihrem Leben haben will. Und glaube uns, die meisten Frauen wollen das, selbst wenn sie es anfänglich nicht so richtig zugeben. Für Deine Helden-Reise geben wir Dir das Wissen, sowie Strategien und Tipps an die Hand, damit Du die Welt der Frauen verstehen und Dich mit sicherem Stand darin bewegen kannst. Jeder Mann kann jede Frau für sich gewinnen, wenn er ihr als Held gegenübertritt. Bei gegenseitiger Sympathie wirst Du mit dem hier Geschriebenen eine Frau dauerhaft für Dich begeistern. Daher ist dieses Buch ebenfalls interessant für Männer, die bereits in einer festen Beziehung sind. Ihr werdet vieles verstehen können, was für das phantastische Mann-Frau-Spiel auch in einer Partnerschaft wichtig ist. Wenn Frauen dieses Buch lesen, werden sie die Welt der Männer und das Mann-Sein in einem neuen Licht sehen. Sie bekommen eine Ahnung davon, was der Mann als Held für großartige Möglichkeiten für sie bereithält, wenn sie ihn in ihrem Leben willkommen heißen.

Inhaltsverzeichnis

Einführung

Dieses Buch ist für all die Single-Männer, die wissen möchten, wie sie das Herz einer Frau für sich gewinnen. Dieses Buch ist ebenfalls interessant für diejenigen Männer, die bereits in einer festen Beziehung sind. Dieses Buch ist für all die Frauen, die mehr über das Mann-Sein und seinen Weg zu einem Helden erfahren wollen, denn schließlich seid Ihr der inspirierende Anlass für diese Reise! ;)

Wahrscheinlich habt Ihr Männer schon viele Bücher darüber gelesen, mit Freunden geredet und Ratschläge von Gott und der Welt angenommen. Jedoch beruhen diese Ratschläge meist auf eigenen Meinungen der Personen, deren persönlichen Erfahrungen oder den neuen gesellschaftlichen Werten. Diese sind aber häufig nicht förderlich, um bei einer Frau wirklich anzukommen. Wenn Frauen dieses Buch lesen, werden sie es auf den ersten Blick möglicherweise für eine Macho-Lektüre halten und Euch erzählen, dass das alles Quatsch ist, was hier steht. Im Geheimen wissen sie jedoch, dass es genau das ist, was sie selbst für sich wollen. Auch wenn sie es nicht zugeben, in ihnen schlummert zu jeder Zeit das Verlangen, einen Mann an ihrer Seite zu haben, der ihr Geheimnis kennt und auf eine charmante Art und Weise lüftet. Das Klischee vom Helden, der sie hoch zu Ross erobert, ist immer noch aktuell und funktioniert wunderbar in der Praxis. Nur tauschen wir jetzt das Ross gegen Autos, Uhren, Geld und Immobilien. Die Anwendung dieses Prinzips ist bei jeder Frau gleich und funktioniert auch, wenn Du oder sie es für oberflächlich hält. Eine Frau will einen Helden, denn das turnt sie an. So, wie uns bei Frauen immer wieder die gleichen Sachen anturnen.

In diesem Buch findest Du ultimative Hinweise, wie Du Dich als Mann zum Helden machst. Wenn Du Dich darauf einlässt und dieses Wissen verinnerlichst, dann werden Frauen Dich in einem anderen Licht sehen. Damit wirst Du zu einem attraktiven Angebot für sie! Das, liebe Freunde, hat nicht unbedingt etwas mit gutem Aussehen zu tun. Für eine Frau sind, im wahrsten Sinne des Wortes, die inneren Werte wichtiger, als für uns Männer. Das hat genetische Hintergründe, die wir, unter anderem, in diesem Buch erläutern. Was aber nicht heißt, dass Ihr nun in einem speckigen T-Shirt, nach altem Schweiß riechend und mit einem Knoblauchbrot in der Hand auf die Frauen zugehen sollt. Ihr seid ein Held, und ein Held hat auch einen guten Stil, oder kann sich für einen guten Stil beraten lassen! Bedenkt, dass es eine gewisse Zeit bedarf, bevor eine Frau Euch als Held wahrnimmt. Es wird nicht so sein, dass sich nach dem Lesen dieses Buches scharenweise Frauen um Euch sammeln. Ihr müsst das Held-Sein erst trainieren und für Euch selbst herausfinden, was am besten funktioniert. Da können auch locker einige Monate ins Land gehen, bevor Ihr Erfolg habt. Aber bleibt dran, es geht ja schließlich um die wunderbarsten Geschöpfe auf diesem Planeten - da lohnt sich doch ein tägliches oder wöchentliches Training! Bedenkt ebenfalls, dass Ihr jetzt immer weiter in die Welt der Frauen vordringt und eine von ihnen für sich als Schutz geschaffene Barriere durchdringt und aufbrecht. Vielen Frauen wird das am Anfang nicht gefallen und sie werden abweisend, schnippisch oder vielleicht leicht aggressiv reagieren. Nehmt diese Dinge nicht persönlich, sondern als ein Zeichen, dass Ihr auf dem richtigen Weg seid. Hier ist Eure Beharrlichkeit gefragt. Drängt eine Frau nicht, was nicht heißt, dass Ihr nicht auf sie zugehen und Euer Interesse an Ihr bekunden sollt. Jedoch ist die Presslufthammer-Methode hier fehl am Platz. Diese Barriere sollte Stück für Stück abgebaut werden. Bleibt cool und lest noch einmal dieses Buch, denn bereits beim zweiten, dritten oder vierten Lesen werdet Ihr wieder neue Erkenntnisse erlangen, um die komplexe Welt einer Frau mehr und mehr zu verstehen. Und all die, welche noch nie ein Buch ein zweites, drittes oder viertes Mal gelesen haben, müssen hier jetzt nicht ins Schwitzen geraten. Wir, die es geschrieben haben, sind auch Männer. Und hey!, seit wann benutzen Männer zu viele Worte für ihre Kommunikation? Daher haben wir nur so viel geschrieben, wie Ihr es für Eure Helden-Reise braucht. Euch viel Spaß damit und vor allem eine tolle Zeit mit der oder den wundervollen Frauen, die Ihr auf Eurem Helden-Weg kennenlernt!

Die Basis unseres Handelns

Bevor Ihr in die wunderbare Welt der Frauen vordringt, solltet Ihr Euch der Basis Eures Lebens und das der Frauen bewusst sein. Selbst wenn es abgedroschen oder für das Leben in der modernen Gesellschaft unglaubwürdig klingt, wir alle funktionieren noch nach dem genetischen Prinzip unserer Urahnen. Über viele tausende von Jahren hat die Natur eine perfekte Verbindung zwischen Mann und Frau erschaffen, die bis heute gültig ist. Das innere Handeln von Menschen basiert ebenfalls in der Gegenwart noch auf der genetischen Programmierung von damals. Denn die Jahre unserer Zivilisation sind eine zu kurze Zeit, um ein neues genetisches Programm zu schreiben. Spätestens hier wird der erste Aufschrei eines „modernen" Mannes oder einer emanzipierten Frau kommen, denn wer hält sich heute noch für einen frühen Homo Sapiens? Hier die gute Nachricht: Ja, es ist immer noch so! All die Dinge, die ein „moderner" Mann heute macht, um einer Frau zu gefallen, gehen auf Dauer meist nach hinten los. Wer denkt, dass er mit der Masche Frauenversteher, Weichei oder Kumpeltyp eine Frau langfristig für sich gewinnen kann, der irrt. Das große Problem der heutigen Zeit sind die Nachwirkungen der Emanzipation früherer Jahre. Die Idee, die hinter der Emanzipation steht, ist, sich von der Unterdrückung durch den Mann zu befreien. Das ist in der heutigen, modernen Gesellschaft zum großen Teil geglückt. Frauen haben die gleichen Rechte wie Männer und damit hat die Emanzipation auf der gesellschaftlichen Ebene der Frau vieles ermöglicht, was absolut zu begrüßen ist. Jedoch auf der genetischen Ebene funktioniert die Gleichstellung von Mann und Frau nicht. Sowohl für eine Frau wie auch für einen Mann wird dieses Gleichstellen auf Dauer unattraktiv. Denn alles, was den Reiz an einem Mann oder an einer Frau ausmacht, drängt dadurch immer weiter in den Hintergrund. Das Gleichmachen lässt außerdem jegliche sexuelle Anziehungskraft nach und nach erlöschen. Die Frauen, welche die Emanzipation entwickelt haben und die Frauen, die danach leben, stellen immer mehr fest, dass sie sich damit selber mehr sabotieren, als sie in ihrem Leben an Erfüllung dazugewinnen. Seid Euch dessen bewusst, dass Emanzipation auf der genetischen Ebene einem wirklich verschmelzenden Zusammenleben zwischen Mann und Frau im Wege steht. Jede Frau reagiert selbst heute noch auf die uralten männlichen Attribute, wenn ein Mann sie bei einer Frau anwendet, da diese tief in uns verwurzelt sind. Das heißt aber nicht, dass Ihr Euch ab sofort wie Neandertaler aufführt. Eure Helden-Reise beginnt hier!

Der erste Schritt ist, das rein Männliche in Euch wieder zu entdecken. Viele Attribute der Männlichkeit waren durch die Emanzipation nicht mehr erwünscht und fehlen heute den Frauen in ihrem Leben. Frauen wollen immer noch den Jäger, den Mann der sie beschützt und der den „Schatten" über sie wirft. Selbst wenn sie es bestreiten, hegen sie doch den inneren Wunsch, dass Du als Mann nicht darauf reinfällst und ihre Barriere durchbrichst. Damit testet eine Frau Deine Männlichkeit, denn für sie geht es auf der genetischen Ebene zu allererst um Sicherheit, Geborgenheit und Vertrauen. Ein Mann, der sich von einer Frau mit einfachen verbalen oder emotionalen Tricks in die Flucht schlagen lässt, ist auch in der heutigen Gesellschaft höchst unattraktiv für sie. Eine Frau kann mit einem Mann nur etwas anfangen, wenn er ihr etwas gibt, was sie selber nicht hat, und das hat nicht nur etwas mit Sexualität zu tun. Die Frauen unserer Urahnen hatten früher keinen Schutz in der freien Natur und es war für sie (und ihre Kinder) ohne einen Mann viel schwieriger, zu überleben. Deshalb wählt sich eine Frau einen Mann ganz genau aus. Sie schaut bewusst oder unbewusst, ob Du ihr diese männlichen Werte ebenfalls heute noch geben kannst, denn dann ist sie auf der sicheren Seite. Ebenso greift auch bei einer Frau zu jeder Zeit ihr uraltes genetisches Programm.

An dieser Stelle könnte nun das Argument kommen, dass eine Frau in der heutigen Gesellschaft ihr eigenes Geld verdient und völlig selbstständig, auch mit Kindern, ohne Probleme ein schönes Leben hat. Das ist in der Tat so, jedoch muss eine Frau in diesem Fall mehrere Rollen ausfüllen. Sie übernimmt gleichzeitig die Aufgaben des Mannes, was bei ihr logischerweise zu einer Doppelbelastung führt. Für eine Frau ist es langfristig anstrengend, gleichzeitig die Rolle des Mannes mit auszufüllen, selbst wenn sie es nicht zugibt. Männer wurden von der Natur erschaffen, um der Frau bei der Bewältigung von gewissen Aufgaben zur Verfügung zu stehen. Wir Männer sind es, die ihre Wünsche in die Tat umsetzen und Dinge entwickeln oder erfinden, um ihr Leben zu erleichtern oder zu verschönern. Wir robben für eine Frau gerne durch den Matsch, bauen für sie Häuser und tragen sie auf Händen. Die Anerkennung der Männlichkeit durch die Frau beflügelt uns Männer ungemein, und wir sind, ohne mit der Wimper zu zucken, bereit, noch mehr für sie zu tun. Das gilt übrigens genauso im umgekehrten Sinne.

Sei Dir gewiss, dass auch eine selbständige und selbstbewusste Frau auf den Helden wartet, der ihre Barriere durchbricht. Wenn Du beginnst, das hier geschriebene Wissen als Mann in Deinem Leben zu etablieren, kann eine Frau wieder nur Frau sein und sich von ihrer selbst auferlegten Doppelrolle befreien. Von diesem Moment an wirst Du eine neue, strahlende Frau erleben, wie Du es vielleicht vorher noch nicht gekannt hast. Egal, ob Du gerade flirtest oder bereits in einer Partnerschaft bist: Wenn Du es schaffst, einer Frau genau dieses Gefühl zu geben, bist Du bereits ein Held für sie!

Nun lasst uns die Helden-Reise in die Tat umsetzen. Dein neu gewonnenes Basiswissen kannst Du in Übungen anwenden und trainieren. Es gibt oft kleine Situationen im Alltag, in denen Frauen die Rolle des Mannes mit übernehmen oder übernehmen wollen. Hier kannst Du den ersten Schritt machen, welcher nicht nur etwas mit Höflichkeit zu tun hat, sondern er ist Ausdruck Deiner neu entdeckten Männlichkeit.

Fangen wir mit dem klassischen Beispiel des Türaufhaltens an. Wahrscheinlich hast Du gelernt, dass Du vor einem Restaurant einer Frau die Tür aufhältst und sie eintreten lässt. In diesem Fall geht die Frau schutzlos in das Unbekannte und ist, in unserem Beispiel, den Blicken vieler anderer Männer und Frauen ausgeliefert. Für eine Frau ist es gefühlt viel besser, wenn Du vorangehst, klar, ihr auch die Tür dabei aufhältst, jedoch als erster den Raum betrittst. Es ist nur eine Kleinigkeit, aber schon hier kann eine Frau wieder nur Frau sein, denn sie muss sich nicht darum kümmern, was sie im Unbekannten erwartet. Oder wenn eine Frau die zweite Einkaufstasche in die Hand nimmt und sie gleichberechtigt mit Dir nach Hause tragen will. Nimm sie ihr aus der Hand! Einfach so, selbst wenn sie Einspruch erhebt, nimm sie ihr aus der Hand und trage beide. Frauen mögen klares und bestimmtes männliches Handeln, auch wenn sie es meist nicht zugeben, und es kann eine Weile in Anspruch nehmen, bis sie es vollständig akzeptieren. Hier ist Deine Ausdauer gefragt, und irgendwann wird es für sie eine willkommene Selbstverständlichkeit sein. Dein männliches Handeln gibt einer Frau Sicherheit und vor allem Handlungssicherheit in allem, was sie tut und mit Dir gemeinsam vorhat. Stelle männliche Verlässlichkeit in Deinem Leben her, denn aus dieser Basis heraus kann die Frau auf Dich zählen und weiß, Du bist zur Stelle, wenn es um größere Aufgaben geht. Für einen unzuverlässigen oder verweichlichten Mann muss die Frau wieder für Zwei denken und steckt damit erneut in der Doppelrolle fest, was Dich für sie für eine langfristige Beziehung unattraktiver macht. Entdecke die Wirkung Deiner Männlichkeit im Handeln gegenüber einer Frau, und damit hast Du den ersten Schritt zum Held-Sein vollbracht!

Dein Denken

Nachdem Du jetzt die genetische Basis unseres menschlichen Handelns kennengelernt hast, werfen wir nun einen Blick auf Dein Denken. Denn auch das ist elementar, wenn Du die Frau Deiner Träume in Deinem Leben haben willst. Stelle Dir einmal die Frage, was Du wirklich über Frauen denkst. Sei dabei ehrlich zu Dir selbst, denn erst dann kannst Du einen Wandel herbeiführen. Wenn Dein Denken eher in die negative Richtung tendiert, dann wirst Du es mehr mit Frauen zu tun haben, die Deine Meinung bestätigen, oder Du wirst jeder noch so tollen Frau Kleinigkeiten vorwerfen, die gar nicht der Realität entsprechen. Dein negatives Denken über Frauen lässt sie irgendwann immer mehr in einem schlechten Licht erscheinen, egal wie toll Du sie am Anfang fandest.

Hier ist es Deine Aufgabe, Deinem Verstand eine neue Marschrichtung zu geben, denn Du hast Dir in Deinem früheren Leben eine Meinung über Frauen gebildet, die Du in jeden Flirt und in jede Beziehung mit einbringst. Wenn Du jedoch an einem positiven und erfüllten Umgang mit Frauen interessiert bist, solltest Du Dein Denken über *sie* radikal ändern.

Beginne damit, das Wunderbare an einer Frau zu entdecken. Und wir sprechen hier nicht nur von tollen Brüsten, einem knackigen Hintern oder einem süßen Lächeln. Es geht um die Dinge, die zwischen den Zeilen stattfinden. Was macht eine Frau zu dem, was sie ist? Was sind die Dinge, die eine Frau tut und die sie von Dir als Mann unterscheidet? Auch hier sprechen wir nicht von Shopping oder Styling. Schau Dir z.B. an, mit welcher Hingabe eine Frau ein Essen zubereitet oder wie sie sich extra nur für Dich schön gemacht hat. Erkenne ihre Sanftheit in der Kommunikation mit anderen Menschen, ihre filigrane Seite in vielen Situationen des Lebens. Denn ebenfalls hier gilt, dass ein Mann und eine Frau unterschiedlich und nicht gleich sind. Es geht dabei nicht nur um den Unterschied von einem Mann zu einer Frau, sondern auch um den von einer Frau zu einem Mann. So, wie Du willst, dass sie Deine Männlichkeit wahrnimmt und anerkennt, tue das Gleiche auch bei ihr. Eine Frau wird es Dir danken und sich immer mehr in eine emotionale Bindung mit Dir begeben, wenn Du ihr Frau-Sein in vollem Umfang anerkennst, bejahst und willkommen heißt. Erst dann kann sich auch Deine Männlichkeit voll entfalten. Probiere es einmal aus, Du wirst merken, wie es ebenfalls in Dir etwas verändert. Je mehr Ihr Euch auf dieses Mann-Frau-Spiel einlasst, umso mehr wird die innige Ebene zwischen Euch zum Tragen kommen, was natürlich ebenfalls im Sexleben seine ekstatischen Spuren dauerhaft hinterlassen wird.

Jetzt könnte hier der Einwand kommen, dass eine Frau manchmal emotional überreagiert und Ihr als Mann überhaupt nicht versteht, woher dieser Sinneswandel auf einmal kommt. In diesem Fall müsst Ihr folgendes über Frauen wissen: Eine Frau hat von Natur aus eine vielfach höhere emotionale Verknüpfung im Gehirn als der Mann. Das Problem ist, dass ihr diese wunderbare Eigenschaft manchmal zum Verhängnis werden kann. In bestimmten Momenten ist es einer Frau nicht möglich, einfache und strukturierte Lösungen für ein Problem zu finden, da diese Emotionalität schlicht und ergreifend ausufert. Das ist kein Fehler der Natur, sondern die Aufforderung an einen Mann, die Frau aus dieser Emotionalität herauszuholen. Wir Männer wurden mit einer vergleichbar geringen emotionalen Verknüpfung ausgestattet, um jederzeit lösungsorientiert handeln zu können. Daher können wir nicht im Ansatz verstehen, was in diesem Moment gerade im System Frau los ist, da wir es, selbst mit größter Anstrengung, rein aus biologischen Aspekten, nicht nachvollziehen können. Die große emotionale Verknüpfung der Frau dient dazu, alle sozialen Strukturen im Einklang zu halten und sich in das Befinden der Menschen in der Gruppe einzufühlen, um anschließend optimal darauf reagieren zu können. Daher kommunizieren Frauen sehr viel mit einander, um alle Informationen innerhalb dieses Netzwerkes bis ins kleinste Detail vollständig zu erfassen. Frauen können ebenfalls, anders als Männer, an der geringsten Mimikveränderung eines anderen Menschen dessen Gemütszustand sofort erkennen. Das ist besonders für Babys wichtig, die noch nicht sprechen können. Männer reagieren hingegen viel stärker auf Bewegung vor ihrem Auge. Wir können eine noch so kleine Bewegung schneller wahrnehmen, als eine Frau, was früher für die Jagd unabdingbar war. Genauso würde für die Aufgaben eines Mannes eine gleich große Emotionalität, wie die der Frau, nicht funktionieren. Bei der Jagd war eine komplexe Emotionalität nicht notwendig, um besonders Mitleid und Mitgefühl auf ein Minimum zu reduzieren. Denn sonst hätte es schlichtweg einfach zu wenig auf dem Teller gegeben.

Viele Männer stehen jedoch dieser Emotionalität der Frau oft hilflos gegenüber, weil sie es, aus den besagten Gründen, allein von ihrer gehirnlichen Struktur nicht nachvollziehen können. Hier ist wieder Euer männliches Handeln gefragt, denn viele Männer ziehen sich in diesen Situationen zurück, verstecken sich im Hobbykeller, arbeiten lange oder trinken einige Biere in der Kneipe, um nicht nach Hause zu müssen. Wichtig ist, dass Ihr Euer persönliches Ego ganz weit zur Seite schiebt, denn hierbei geht es um die Frau und nicht um Euch. Anstatt wegzurennen und zu warten, bis der Sturm vorbei ist, geht einen Schritt nach vorne, direkt in das Auge hinein, und Ihr werdet feststellen, dass hier nur etwas Wind ist, aber oft kein Sturm. In diesen Augenblicken kann es sein, dass eine Frau in den Arm genommen werden will. Frage sie mit ruhigen Worten, was eigentlich los ist. Oft werdet Ihr feststellen, dass die Probleme gar nicht so gravierend sind und Du, als Mann, sofort eine Lösung parat hättest. Doch Moment, jetzt nicht die Lösungskanone zünden!!! Hier geht es darum, die emotionalen Wogen zu glätten und alles auf Normalwert runterzufahren. Wenn Ihr es schafft, in solchen Momenten eine Frau aus ihren zu emotionalen Gefilden zu führen, seid Ihr dem Held-Sein schon wieder ein großes Stück näher, denn so reagieren die wenigsten Männer auf sie.

Es kann aber auch sein, dass eine Frau nicht aus dieser Emotionalität aussteigen will, obwohl Du es ihr mit Deinem Zugehen auf sie angeboten hast. In diesem Fall zeigst Du Deine Männlichkeit, indem Du die Tür hinter Dir schließt. Viele Männer lassen sich in diesen Situationen auf Diskussionen ein, um das Problem zu verstehen, wovon wir dringend abraten. Bewahre die Ruhe und handle im Bewusstsein Deiner männlichen Kraft. Was, wie gesagt, nicht heißt sich zu verstecken, sondern Dir Deiner Rolle als Mann bewusst zu sein, denn Du bist der Halt für eine Frau in diesen emotionalen Momenten, auch wenn Du nicht im Raum anwesend bist. Bleibe ein Held, und sie wird höchst wahrscheinlich ganz von alleine wieder zu Dir kommen.

Ihr seht also, das Frau-Sein ist wesentlich komplexer, als das eines Mannes. Beginnt, diese neue Welt für Euch zu entdecken und Ihr werdet feststellen, dass Ihr als Mann hier vieles tun könnt. Und wir Männer lieben es ja, wenn wir was zu tun haben. Stellt Euer Denken mit diesem neuen Wissen auf eine positive Wahrnehmung der Frau um, und viele Dinge werden sich nach und nach ändern.

Wichtig ist, dass Ihr Eure Wahrnehmung umgehend umstellt und nicht wartet, bis eine tolle Frau kommt und dann erst Euer Denken ändert. Auf der unterbewussten Ebene nimmt eine Frau schon vor Eurem Kennenlernen wahr, wie Du über Frauen denkst. Und wenn das nicht positiv ist, wird sie es sich dreimal überlegen, sich mit Dir einzulassen!

Der Zweck einer Beziehung

Was Ihr als Männer noch wissen solltet, ist, dass eine Frau Euch schon längst ausgewählt hat, bevor Ihr überhaupt die Idee habt, sie anzusprechen. Eine Frau gibt einem Mann unterbewusst einen Impuls, auf sie zuzugehen, denn sie verfolgt mit einem Kennenlernen einen bestimmten Zweck. Das ist jetzt aber kein Freifahrtschein, jede Frau blöd von der Seite anzumachen, nach dem Motto: „Hey, ich hab Deinen Impuls gespürt." Das Aussenden und Empfangen dieser Signale passiert meist absolut unterbewusst und ist oft für die Beteiligten selber schwer nachvollziehbar. Also, macht Euch locker und konzentriert Euch auf die Frau vor Euch. „Wow", ist sie nicht toll!?

Dieses Kapitel beschreibt schon den nächsten Schritt nach dem Kennenlernen. Aber es ist wichtig, damit Ihr nicht völlig im Dunkeln tappt. Jede Frau sucht einen Mann für einen bestimmten Zweck. Das klingt erstmal unromantisch, jedoch auf der genetischen Ebene bestimmt die Frau, zu welchem Zweck eine Beziehung stattfindet. Das hat ebenfalls wieder den Grund, dass eine Frau viel besser einschätzen konnte, was für das Überleben der Sippe oder der Menschen um sie herum gerade wichtig war. Dadurch, dass die Männer auf Jagd waren, war das Managen der sozialen Netzwerke und die Betreuung des Nachwuchses die Hauptaufgabe der Frau. Heutzutage hat die Frau den Luxus, den Zweck einer Beziehung noch weiter zu variieren. Das kann von erfüllter Partnerschaft, über Familiengründung bis hin zu einfach eine schöne Zeit haben, gehen.

Wenn Du mit einer Frau dann schon einigermaßen vertraut bist, kannst Du ihr die Frage stellen, was sie mit dieser Beziehung vor hat und wohin die Reise gehen soll. Wenn die Frau nur eine gute Zeit haben will, dann wird das oft schon recht früh klar. In den meisten Fällen sagt sie Dir das nach den ersten Treffen, oder Du wirst es ganz von alleine mitbekommen. Es ist aber nicht in Stein gemeißelt, dass daraus nicht auch eine längere Beziehung werden kann. Dann hat aber die Frau ihre Absicht mit der Beziehung verändert, was Dich wiederum nach dem neuen Zweck fragen lassen sollte. Wenn Du bereits in einer Beziehung bist, und dabei ist es egal, wie lange, solltest Du Deine Frau ebenfalls nach dem Zweck, der Absicht oder dem Ziel Eurer Partnerschaft fragen, falls Du diesen noch nicht kennst. Denn er ist für die gesamte Zeit Eurer Partnerschaft gültig, und es ist für einen Mann wichtig, das zu wissen. Manchmal weiß eine Frau die Antwort nicht gleich und Du solltest ihr Zeit geben, Dir diese

Frage zu beantworten. Ebenso werden viele Frauen von dieser Frage überrascht sein, denn ein Mann stellt normalerweise solch eine Frage nicht, weil er oft gar nicht das Wissen darüber hat. Als Held kannst Du nun aktiv die Beziehung mitgestalten, wenn Du weißt, was der Zweck, die Absicht oder das Ziel dieser gemeinsamen Reise ist. Genetisch gesehen, ist die Frau die Federführende in einer Beziehung, denn sie ist von der Natur viel besser für ein allumfassenderes Management innerhalb sozialer Strukturen ausgerüstet. Vergiss nicht, in der Natur geht es immer um die beste Konstellation, die den Fortbestand einer Art sichert. Daher wurden diese genetischen Strukturen geschaffen, um uns zur erfolgreichsten Spezies auf diesem Planeten zu machen. Sowohl Mann, wie auch Frau, sollten hier ihr Ego ganz weit in die Ecke schieben und sich auf diese, in uns verankerten Lebensmuster, wieder zurückbesinnen. Wir sagen Dir, dann wird das Mann-Frau Zusammensein erstmal richtig geil!

Also gut, Du hast nun nach ihrem Zweck oder ihrer Absicht der Beziehung gefragt. Auch hier gilt wieder, höre genau hin, was sie sagt. Hat sie z.B. ‚Partnerschaft' oder ‚Familie' gesagt? Das ist ein elementarer Unterschied! Wenn eine Frau Dich für den Zweck, mit Dir gemeinsam eine Familie zu gründen, wählt, kann es sein, dass Eure Beziehung zu Ende ist, wenn die Kinder aus dem Haus sind. Wenn sie hingegen Partnerschaft oder besser noch ‚erfüllte Partnerschaft' sagt, dann hat sie höchst wahrscheinlich vor, mit Dir ihr ganzes Leben zu verbringen. Denn Kinder gehören zu einer erfüllten Partnerschaft meist automatisch mit dazu. Jetzt liegt es an Dir, was Du mit einer Frau leben willst. Sage ihr, was Dir wichtig ist und findet eine gemeinsame Ausrichtung. Was wollt Ihr zusammen erreichen, wie wollt Ihr eine Partnerschaft führen? Allein schon, das gemeinsam herauszufinden und festzulegen, wird Euch weiter zusammenschweißen und besonders am Anfang viel Prickeln in Eure Beziehung bringen - vorausgesetzt, Eure Ziele inspirieren Euch beide! Wenn die Ansichten jedoch zu verschieden sind, wird sich auch beim größten Wollen eine Beziehung auf Dauer nicht aufrechterhalten lassen. Denn das Unglücklichsein ist hier schon vorprogrammiert.

Wichtig ist, sich diese Ziele nach einer gewissen Zeit mal wieder anzuschauen. An Beziehungen kann man nicht nur in der Flirtphase, sondern selbstverständlich auch während der Beziehung arbeiten! Viele denken, klar, Beziehung heißt gleiches Einbringen von 50% vom Mann und 50% von der Frau. Buzzer-Alarm!!! Hier die neue Nachricht: Beziehung heißt 100% von jedem! Mann und Frau sollten sich zu je 100% in die Beziehung einbringen. Überprüft das mal bei Euch. Und wenn Du keine 100% einbringst, dann tu es!, und Dein Held-Sein-Status wird Dir einmal mehr bewusst.

Wenn Ihr dann auf Eure gemeinsamen Ziele schaut, freut Euch über die Dinge, die Ihr erreicht habt. Korrigiert anschließend, ohne Vorwürfe, an Deine Partnerin oder an Dich selbst, den weiteren gemeinsamen Weg, um die anderen Ziele ebenfalls zu erreichen. Schafft hier wieder das Gemeinschaftliche, was Euch beide am Anfang so inspiriert hat. ‚Refreshed‘ Eure Beziehung immer wieder aufs Neue, egal, in welchem gemeinsamen Lebensabschnitt Ihr Euch gerade befindet. Genießt es und habt eine schöne Zeit, denn es ist die Zeit Eures Lebens!

Strategien des Kennenlernens

Je nachdem, wie weit Du schon in Deinem Held-Sein vorangeschritten bist, gibt es unterschiedliche Strategien, um mit Frauen in Kontakt zu kommen. Wir nennen es bewusst Strategien, denn Männer gehen von Natur aus oft strategisch oder taktisch vor. Das Wichtigste hier ganz zu Beginn: Auch, wenn Du eine Frau ganz toll findest und Dich fragst, warum sie nicht auf Dich und Deine Strategien reagiert, ist es so, dass Du Null Einfluss darauf hast, ob Dich diese Frau ebenfalls will. Das Ganze ist genauso für eine Frau in Bezug auf einen Mann gültig. Nach unserer Erfahrung ist nach drei bis fünf Mal Kontaktaufnahme ohne Gegenreaktion klar, dass die Frau nicht interessiert ist. Das ist kein Grund, die Flinte gleich ins Korn zu werfen, denn Frauen können aus den unterschiedlichsten Gründen „Nein" sagen. Diese können ganz persönlich bei ihr liegen, und Du wirst den wahren Grund nie erfahren. Es kann aber auch sein, dass Du einfach nicht ihr Typ bist. Doch glaube uns, da draußen gibt es genau die Frau, die voll auf Dich abfährt!

Es bedarf also einiger Anläufe, um erfolgreich zu sein. Dabei kannst Du Deine Strategien immer wieder testen und überprüfen, denn es geht hier nicht darum, sofort den perfekten Flirt hinzulegen, sondern Deine Flirtkunst weiter zu optimieren. Und denke daran, auch Frauen haben Zweifel und sind manchmal unsicher. Für sie ist es ebenso eine Herausforderung, mit einem Mann in Kommunikation zu sein.

Wenn Du Dir bis jetzt wenig zutraust, traue Dich mit dem Wenigen loszugehen und beobachte, wie Frauen auf Dich reagieren. Du kannst auch eine gute Freundin um Rat fragen, was Frauen gefällt. Dabei werden oft erstaunliche Dinge zu Tage treten, an die Du noch nie gedacht hast. Versuche so häufig wie möglich in Kommunikation mit Frauen zu sein, denn ohne sie zu fragen, werden sie Dir nicht sagen, was sie wirklich wollen. Das, liebe Männer, ist im Übrigen eine super Strategie. Für Frauen ist Kommunikation viel wichtiger als für Männer. Das können wir erneut über die Evolution erklären. Auf der Jagd war viel Kommunikation nicht wichtig, denn um die Beute nicht zu verscheuchen und umgehend lösungsorientierte Strategien zu entwickeln, haben Männer sich mit wenigen Worten oder Handzeichen verständigt. Frauen hingegen machten, wie gesagt, von viel Kommunikation Gebrauch, um alle Bedürfnisse in der Gruppe zu erkennen und unter einen Hut zu bringen. Lernt also, mit Frauen zu reden! Das heißt aber nicht, dass Ihr nun wie ihre beste Freundin sein sollt. Eine Frau sucht einen Mann und nicht eine männliche Freundin. Sie will jedoch genau wissen, mit wem sie es zu tun hat. Sprecht mehr und steht nicht mufflig herum! Zeigt Interesse an ihr und ihren Ansichten, beantwortet ihre Fragen aber als Mann. Denn sonst rutscht Ihr leicht in die Kumpel-oder Frauenversteherrolle, was nett, aber nicht sexy für eine Frau ist.

Ein weiterer wichtiger Punkt ist, dass Du derjenige bist, der die Initiative ergreift. Ein Mann sollte eine Frau ansprechen, denn das finden die meisten Frauen toll. Dabei muss man sich nicht immer die besten Sprüche zurechtlegen oder eine Anrede einstudieren. Dieser Kontakt kann auch ganz leicht hergestellt werden. Der geschickte Jäger verwickelt seine Auserwählte in ein belangloses Gespräch über, z.B. das Wetter, die Musik, die gerade läuft oder den letzten Film, den sie gesehen hat. Damit startest Du die erste Konversation, ohne dass es gleich so ausschaut, als wolltest Du was von ihr, was natürlich nicht so ist. Ein Mann, der es „nötigt" hat, eine Frau kennenzulernen, hat oft schlechte Karten, denn er wird schnell zu aufdringlich, zu plump und wirkt viel zu unentspannt. Ein entspannter Mann kommt bei einer Frau viel besser an, denn in ihren Augen heißt das, der hat alles im Griff. Ihn bringt nichts aus der Ruhe, und er meistert sein Leben mit viel Souveränität. So ein netter Plausch kann also der Beginn für einen Flirt sein, und Du

kannst das Spiel zu einem anderen Zeitpunkt fortsetz-
ten, wenn Du wieder auf sie triffst. Wenn sich dabei
die Gelegenheit ergibt, könnt Ihr Euch in den sozialen
Netzwerken befreunden oder sogar die Telefonnummern austauschen. Dieser Zeitpunkt sollte jedoch gut
gewählt sein, denn „eigentlich" willst Du ja nur ein
bisschen Small-Talk halten. Aber Du solltest sie irgendwann auf jeden Fall nach ihrer Telefonnummer
fragen, denn die meisten Frauen werden Dir das nicht
freiwillig anbieten, sondern wollen, dass sie gefragt
werden.

Wenn sich nun einer von Euch hier auf die Emanzipation beruft und meint, dass doch ab sofort die
Frauen die Männer ansprechen sollen, so verweisen
wir ihn wieder auf das zweite Kapitel. Das der Mann
die Frau anspricht ist sogar ein Vorteil, denn so kann
er genau die Frau auswählen, die er ansprechen will,
und wenn er sie schon länger im Auge hat, sich in der
Zeit davor eine gute Strategie für den ersten Schritt
überlegen. Falls es dann aber doch so ist und eine Frau
Euch anspricht, freut Euch darüber. Denn auch
Frauen haben so ihre Tricks, um mit Männern ins Gespräch zu kommen. In dem Fall der Initiative der Frau,
ist jedoch noch einiges zu beachten. Nachdem die
Frau die Kommunikation eröffnet hat, solltest Du
wieder die Rolle des Mannes übernehmen und alle
weiteren Initiativen von Dir ausgehen. Der nächste
Drink geht natürlich auf Dich und auch beim Essen

lädst Du sie ein. Sonst kippst Du mit Deinem Verhalten schnell hin zum Weichei, und eine Frau hat dann einen Schlaffi an der Hand und keinen Helden, der sie auf Händen tragen kann.

Nun aber zu den Strategien. Wenn Du noch Anfänger bist, dann gehe zuerst weniger offensiv auf Frauen zu. Wichtig ist, dass Du erstmal die Aufmerksamkeit einer Frau erlangst. Da sind Deiner Phantasie im Allgemeinen keine Grenzen gesetzt. Wenn Du eine bestimmte Frau im Visier hast, informiere Dich zunächst einmal über ihr Standing. Diese Informationen sind sehr leicht herauszufinden, denn es geht hier um das Äußere. Schaue Dir an, wie sich diese Frau kleidet (sportlich, casual, business), mit welchen Freunden sie sich umgibt und mit welchen Verkehrsmitteln sie unterwegs ist. Bedenke, die wenigsten Frauen werden einen Mann unter ihrem Stand oder auf gleichem Stand dauerhaft für sich wählen. Denn ein Mann von höherem Stand suggeriert Sicherheit, Verantwortung und Durchsetzungskraft. Und besonders das Letztere kommt bei Frauen sehr gut an. Deine Aufgabe ist es, Dich von Deinem Äußeren eine Etage über die Frau zu begeben, was nichts mit Überheblichkeit zu tun hat. Wenn Du bis jetzt nur mit T-Shirts rumgelaufen bist, fange an, ein Hemd zu tragen. Wenn Du Turnschuh-Träger bist, kauf Dir schicke Lederschuhe. Wenn Du eine schlechte Frisur hast, lass Dir einen coolen Haarschnitt verpassen!

Selbst, wenn Du dies jetzt für übertrieben hältst und denkst, dass sie Dich doch so lieben soll wie Du bist, dann kann es sein, dass der Typ im Hemd sie Dir wegschnappt. Und das liegt nicht daran, dass er klüger ist als Du. Er suggeriert der Frau ein anderes Standing, und das ist das natürliche Verhalten im genetischen Sinne, auf das die Frau, oft völlig unbewusst, eingeht. Und selbst wenn Du denkst, Du wirst durch Dein Umstyling zum Spießer, dann warte erst einmal ab, was passiert, wenn Du mit einem Hammeroutfit und cooler Frisur auf eine Gruppe von Frauen triffst. Die Aufmerksamkeit ist Dir garantiert, und damit ist die erste Strategie erfüllt. Sicher werden Dich auch Deine Freunde nach Deinem Sinneswandel fragen. Doch Männer brauchen für diese Erklärung nur ein paar Wörter: „Das mach ich für die Frauen." Viele Männer werden dann verständnisvoll mit dem Kopf nicken. Denn wenn sie eine positive Einstellung zu Frauen haben, verstehen sie Deine Vorgehensweise sofort. Und wenn sie dann noch eine heiße Frau an Deiner Seite sehen, kann es sein, dass sie Dich fragen, wie Du es gemacht hast.

Wichtig ist, dass diese Strategie nicht eine einmalige Aktion bleibt, sondern Du Deinen Style nach und nach umstellst. Egal, ob Du sportlich, casual oder business trägst, schaue, dass Du ein neues Level damit erreichst. Denn ebenfalls die Frauen, die Deinen Stil immer in Ordnung fanden, werden so garantiert eine neue Sichtweise auf Dich bekommen. Nun beginnen sie den Helden in Dir zu sehen und das ist ja, wie schon erwähnt, sehr anturnend für eine Frau. Dadurch kann auch schnell aus einer Freundschaft mit einer Frau mehr werden.

In der Praxis haben wir einige Kennenlernen-Strategien erfolgreich angewendet, die wir Euch nun vorstellen wollen. Dabei kommt es drauf an, ob Ihr zu zweit, in einer Gruppe oder alleine unterwegs seid. Für all diese Situationen können unterschiedliche Strategien angewendet oder auch vermischt werden. Je nachdem, zu wie vielen die Frauen unterwegs sind, sind andere Taktiken abzuwägen. Wie gesagt, sind das unsere Strategien, mit denen wir bei Frauen erfolgreich waren und sind. Fühlt Euch frei, ebenfalls eigene auszuprobieren, unsere weiterzuentwickeln oder mit Euren Strategien zu kombinieren. Es gibt keine ultimative Anmach-Strategie, sondern wichtig ist ein situationsbezogenes Handeln.

Strategie: „Wing-Man"

Am leichtesten ist das Kennenlernen von Frauen, wenn Ihr zu zweit unterwegs seid. Das kann die Kombination Mann und Mann oder auch Mann und gute Freundin sein. In dieser Kombination könnt Ihr das klassische „Wing-Man-Prinzip" anwenden. Auch wenn wir dachten, dass dieses Prinzip bereits allen

Männern bekannt ist, so gibt es doch einige, die es noch nicht kennen oder welche, die dabei nicht alles beachten, was zum Erfolg führt. Als grundlegende Information ist zu sagen, dass Frauen nur äußerst selten alleine ausgehen, besonders abends und an Orte, wo sie niemanden kennen. Da kommt meist die beste Freundin ins Spiel, mit der sie loszieht. Gut für Euch, denn diese Frauen sind leicht in Bars, Clubs oder auf Partys auszumachen. Das „Wing-Man-Prinzip" ist ein Pakt zwischen Männern und Ihr solltet Euch vor dem Ansprechen der Frauen überlegen, wer jetzt der Wing-Man ist. Das sollte sich während eures Ausgehens ausgleichen, denn sonst macht es irgendwann dem Wing-Man nicht so richtig Spaß. Es sei denn, die beste Freundin von ihr gefällt Eurem Kumpel ebenfalls ausgesprochen gut.

Das Wichtige hier ist, dass während einer von Euch die eine Frau anspricht, der andere sich in der Zeit mit der Freundin unterhält. Das ist ein ganz wichtiger Aspekt, denn wenn zwei Freundinnen gemeinsam ausgehen, wird eine Freundin die andere nie aus den Augen verlieren und das Gespräch eher abbrechen, als dass ihre Freundin die ganze Zeit alleine daneben steht. Dies können wir wieder genetisch erklären, denn Frauen haben ebenfalls einen Pakt miteinander geschlossen. Sie geben sich gegenseitig einen Schutz, den der Mann für sich nicht braucht. Ein Mann kann ohne

Probleme auch alleine durch die Nacht ziehen, denn für ihn steht der Sicherheitsaspekt in diesem Maße nicht im Vordergrund.

Wie gesagt, beim „Wing-Man-Prinzip" hält der eine Mann dem anderen den Rücken frei, während sein Kumpel mit der Frau seiner Wahl spricht. Damit sind beide Frauen im Gespräch und beide bekommen jeweils die volle Aufmerksamkeit von einem Mann. Falls Ihr nun denkt, dass am Ende des Abends die beiden Frauen einzeln den Raum, vielleicht sogar mit Euch jeweils alleine, verlassen, müssen wir Euch hier leider enttäuschen! Die Frauen halten ihren Pakt viel strenger ein, als es Männer tun. Für Männer ist, aus den besagten Gründen, so eine Pakt-Verbindung nicht so eng gestrickt, wie bei Frauen. Und daher werden garantiert die beiden Ladys den Laden auch gemeinsam verlassen. Schaut also, dass Ihr in der Zeit des Kennenlernens weitere Kontaktdaten bekommt, um sie beim nächsten Mal alleine zu treffen.

Wenn Ihr das „Wing-Man-Prinzip" anwendet, solltet Ihr schon in der Lage sein, Frauen anzusprechen. Wenn Ihr noch zu schüchtern dazu seid, trainiert es vorher. Frauen ansprechen, ist nicht schwer. Es sind ebenfalls Menschen, und auch sie sind manchmal schüchtern, unsicher oder wissen nicht genau, wie sie in gewissen Situationen reagieren sollen. Aber alles cool, Du oder auch sie, Ihr könnt nichts falsch machen, denn am Ende wird es funktionieren. Die genetischen Codes werden irgendwann greifen. Eure Aufgabe ist es dabei, Euren ganzen Gedankenmüll über das, was schieflaufen könnte, aus dem Kopf zu werfen und frisch, fröhlich und interessiert auf eine Frau zuzugehen. Trainiert das Ansprechen von Frauen, indem Ihr anfangt einfach mal „Hallo" zu sagen, selbst wenn Ihr sie gar nicht kennt. Es muss nicht immer um einen Flirt gehen, sondern um das Interesse an einer Frau, was sie wiederum interessieren könnte, denn Frauen finden es gut, wenn Männer sich für sie interessieren, auch wenn es „nur" um ein normales Gespräch geht. Wenn Du in einem Gespräch mit einer Frau bist, bei dem es erstmal ohne Hintergedanken zugeht, nutze diese Zeit und erforsche ihr Wesen. So komplimentierst Du Dein Verständnis und Wissen über Frauen im Allgemeinen, was Du später bei Deinen Flirts erfolgreich anwenden kannst.

Kennenlern-Profis unter Euch können nach und nach auf einen Wing-Man verzichten, falls gerade keiner da ist. Zu zweit ist es natürlich nach wie vor einfacher, aber es geht ebenfalls, wenn Du alleine unterwegs bist. Hier musst Du beide Rollen einnehmen und beide Frauen gleichzeitig im Gespräch haben. Dabei ist es wichtig, dass die, evtl. für Dich etwas weniger interessante Frau, nie das Gefühl bekommt, hier nicht erwünscht zu sein. Denke an den Pakt, den Frauen haben. Redest Du die ganze Zeit nur mit der einen, wird das Gespräch in Kürze beendet oder zumindest unterbrochen sein. Halte die Unterhaltung am Anfang erst einmal allgemein, damit beide Frauen mitreden können.

Grundsätzlich gilt, dass das „Wing-Man-Prinzip" kein Stürzen auf die Beute ist. Es ist vielmehr ein vergrößern der Gruppe um zwei Frauen. Quatscht die Frauen nicht die ganze Zeit voll, sondern tanzt vielleicht mal mit ihnen und lasst vor allem auch sie ihre Geschichte erzählen. Typen, die ihnen die ganze Zeit ein Ohr abkauen, haben am Ende selber ein gutes Gefühl, weil sie ihr Ego vollkommen ausleben konnten, jedoch wurde die Frau dabei leider völlig vergessen. Eine Frau will beachtet werden und Kommunikation ist für sie wichtig, um Dich besser kennenzulernen. Stelle also Fragen und höre auch zu, wenn sie etwas sagt, damit Du wiederum darauf reagieren kannst.

Strategie: „Rotationstaktik"

Eine weitere Strategie, um eine Frau oder Frauen kennenzulernen ist die „Rotationstaktik". Diese ist besonders zu empfehlen, wenn Frauen in Gruppen unterwegs sind. Da Frauengruppen oft eine abgeschlossene Einheit sind, ist es nicht einfach, an die dort Auserwählte heranzukommen. Dabei hat sich die Gruppe einen Platz im Raum gesucht, an dem sie höchstwahrscheinlich den ganzen Abend verbringen wird. Doch es werden immer wieder Frauen diese Gruppe verlassen, um Getränke zu holen, zu tanzen oder um auf die Toilette zu gehen. In diesem Augenblick beginnt sich die Gruppe zu bewegen. Plätze werden frei, Lücken wieder geschlossen. Wenn Ihr das einmal genau beobachtet, bewegt sich die Gruppe nach und nach im Kreis. Um neben Eure Auserwählte zu gelangen, müsst Ihr Euch einfach nur „anstellen". Der Kreislauf der Gruppe wird Euch automatisch dorthin bringen, wo Ihr hinwollt. Diese Strategie kann ebenfalls angewendet werden, wenn Ihr mit mehreren Kumpels unterwegs seid. Ihr könnt (oder Du kannst) zur Vereinfachung dieser Strategie auch eine Frau aus der Gruppe ansprechen und damit die Gruppenstruktur auflösen. Früher oder später wird sie Euch die anderen Frauen in der Gruppe vorstellen oder Ihr fragt selber nach. Dadurch könnt Ihr leicht die bestehende Gruppe um Eure erweitern. Nun seid Ihr in dieser Gruppe mit drin, und damit ist der erste Kontakt zu allen Frauen hergestellt.

Es kann jedoch sein, dass die Frau Deiner Wahl bereits von anderen Männern umringt ist. Hier kommt die „Rotationstaktik" ebenfalls zum Einsatz. Dabei ist diese noch leichter anzuwenden, als bei einer Frauengruppe, da Männer oft weniger Vorbehalte haben, einen Fremden in ihren Kreis zu integrieren. Das führt uns direkt zur nächsten Strategie.

Strategie: „Der Retter"

Attraktive Frauen sind oft von Scharen von Männern umgeben und werden ständig angebaggert. Sie sehen sich dann einer Meute auf sie einquatschender Männer gegenüber und sind auf Dauer ziemlich genervt davon. Hier kommst Du ins Spiel, denn Du bist der Einzige von ihnen der nichts von ihr will. Ja, genau. Richtig gehört! Wenn Du Dich jetzt in diese Meute baggernder Männer einreihen würdest, dann wärst Du genauso ein nerviger Typ wie die anderen. Beginne, in solchen Situationen mit anderen Männern ins Gespräch zu kommen, flachse, habe Spaß, aber baggere die Frau nicht an. Für so eine Frau ist es eine Wohltat einen Mann kennenzulernen, der nichts von ihr will. Hier beginnt sie, sich sicher zu fühlen und vor allem hat sie jetzt einen „neutralen" Mann an ihrer Seite, der ihr die anderen vom Leibe hält. Führe mit ihr keine Gespräche, die etwas mit Flirten zu tun haben, sondern spreche über ganz belanglose Sachen. Wenn die Frau auf Dein Gespräch anspringt, dann weißt Du, dass sie der anderen Typen überdrüssig ist. Das ist die Gelegenheit, sie aus diesem Getümmel herauszuführen. Frag sie, ob sie Lust auf einen Drink an der Bar, Hunger auf einen Snack hat oder einmal tanzen will. Wenn sie mit Dir mitgeht, dann hast Du schon die halbe Miete eingefahren. Aber hey!, jetzt immer noch cool bleiben. Du willst immer noch nichts von ihr! Wenn Du jetzt anfängst, sie anzubaggern, dann ist sie schneller weg, als Du gucken kannst. Bleibe bei Deinem neutralen Verhalten und finde ein gemeinsames Thema, dass nichts mit Flirten zu tun hat. Am Ende des Abends wird sie es sicher „nett" gefunden haben, sich mit Dir zu unterhalten. Vielleicht gibt sie Dir ihre unverfänglichen Kontaktdaten (also keine Telefonnummer) oder Du fragst, ob sie im sozialen Netzwerk ist. Hier kannst Du Dein Gespräch weiterführen und nach und nach zu einem Flirt ausbauen. Oder Du kannst beim nächsten Aufeinandertreffen an das eben geführte Gespräch anknüpfen. Dabei gilt wieder die Devise, cool zu bleiben. Sie hat sich die Zeit genommen, den restlichen Abend mit Dir zu verbringen, warum nicht noch ein weiteres Mal? Vielleicht gibt sie Dir ja an diesem Abend schon ihre Telefonnummer. ;)

Strategie: Aufmerksamkeit

Frauen lieben es, wenn ein Mann ihr seine Aufmerksamkeit schenkt. Das vernachlässigen oft die sehr attraktiven Männer unter Euch. Bedenkt, für eine Frau ist das Äußere nicht so ausschlaggebend wie für einen Mann. Es kann gut sein, dass ein sehr attraktiver Mann eine schöne Frau an einen weniger attraktiveren Mann verliert, weil dieser ihr mehr Aufmerksamkeit schenkt. Daher sollte diese Strategie in Euer tägliches Leben übergehen und sich mehr und mehr in Eurem Wesen verankern. Denn wenn eine Frau erfährt oder mitbekommt, dass sie nicht die Einzige auf dem Planeten ist, schrillen bei ihr die Alarmglocken. Wenn ein Mann zwei-, drei- oder noch mehrgleisiger fährt, dann heißt das für die Frau, dass sie sich seiner nicht sicher sein kann und ihn auf jeden Fall mit anderen Frauen teilen muss. Und Ihr könnt Euch wahrscheinlich vorstellen, wie viel Lust eine Frau darauf hat. Eine Frau lässt sich nur auf solch eine Konstellation ein, wenn sie ebenfalls mehrgleisig fahren kann. Da stellt sich aber die Frage, ob Du das auch gut findest!?

Aufmerksamkeit und das Gefühl „The One and Only" zu sein, ist für eine Frau sehr wichtig. Es gibt Männer, die wie mit einer Gießkanne durch einen Club, Bar oder über eine Party gehen und sämtliche Frauen anmachen, die nicht bei drei auf den Bäumen sind. Was auf den ersten Blick wie ein mathematisch logisches Prinzip daherkommt, wird ihnen am Ende des Abends jedoch keine einzige Frau an ihre Seite bringen. Frauen beobachten sehr genau und bekommen schnell mit, wenn Du so vorgehst. Daher suche Dir an einem Abend maximal drei Frauen aus, die für Dich in Frage kommen. Richte Deine Aufmerksamkeit immer nur auf eine von ihnen. Wenn Du mit Ihr im Gespräch bist, dann sei *nur mit ihr* im Gespräch und schaue nicht nach anderen Frauen. Auch darfst Du Dich von Deinen Kumpels nicht groß ablenken lassen, denn eine Frau nimmt genau wahr, wie lange Du mit Deiner Aufmerksamkeit bei ihr bist.

Bedenke dabei wieder, für Frauen hat Kommunikation einen viel höheren Stellenwert als für Männer. Frauen drücken über Kommunikation viel mehr aus, als wir Männer es je könnten. Daher reden Frauen auch heute noch so gerne mit einander, und vor allem geht es dabei um die Details. Details, die für Frauen wichtig sind, um sich richtig in einen Menschen oder Situationen hinein zu fühlen sowie eine tiefe Verbundenheit herstellen zu können. Für Männer hingegen dient und diente Kommunikation oft nur dem Zweck eines Informationsaustausches, um schnell Lösungen für Probleme zu finden. Unsere Kommunikation ist eher pragmatisch orientiert, und die der Frauen emotional sowie sozial. So ist es noch besser zu verstehen, warum für Frauen Kommunikation und Aufmerksamkeit so wichtig sind.

In unseren Gesprächen mit Frauen haben wir festgestellt, dass sie immer schon einen Schritt weiter denken. Während es für uns Männer beim Kennenlernen vorrangig darum geht, eine Frau für uns zu gewinnen, schauen Frauen bereits hier, was Du noch so drauf hast. Ein Mann, der es versteht, mit einer Frau in Kommunikation zu sein, ist ein heißer Kandidat für eine Partnerschaft. Denn aus einem Gespräch kann eine Frau die Informationen ziehen, die schon für die Zeit nach dem Kennenlernen für sie wichtig sind.

Die Strategie Aufmerksamkeit kannst Du ebenfalls anwenden, wenn Du das Zusammenkommen mit einer Frau für eher aussichtslos hältst. Diese Strategie kann sich dabei auf einen längeren Zeitraum erstrecken und hat nicht unbedingt etwas mit dem abendlichen Weggehen zu tun. Du kannst sie am Arbeitsplatz, in der Schule, in der Uni, im Fitnessstudio oder sonstwo anwenden, wie Du es im Übrigen mit allen Strategien machen kannst. Keine Strategie ist an einen bestimmten Ort oder eine bestimmte Tageszeit gebunden.

Bereite Deiner auserwählten Frau immer wieder kleine Aufmerksamkeiten, die sie erfreuen. Klar, könnten wir Dir jetzt hier tausend Tipps geben, welche das sein könnten, aber wir wissen ja, dass Du ein Held bist und daher sicher super Ideen hast. Jedoch gilt auch hier das Prinzip, weniger ist mehr. Also bombardiere diese Frau nicht mit den Dingen, die Du Dir so einfallen lässt. Und eins ist bei dieser Strategie ganz wichtig: ERWARTE NICHTS VON IHR! Mach nicht den Fehler und erwarte von ihr eine Gegenleistung oder sogar ebenso viel Aufmerksamkeit von ihrer Seite. Lass es erstmal wirken und bleibe cool bei der Sache. Tu so, als wäre nichts dabei und bringe es ganz beiläufig rüber. Irgendwann wird sie schon darauf reagieren. Das kann dann für oder gegen Dich ausfallen, denn wie bei jeder Strategie, steht die Chance am Anfang 50-50. Und selbst, wenn sie „Nein" sagen sollte, (aus welchen Gründen auch immer), es gibt eine Frau, die genau das zu schätzen weiß.

Strategie: „Der Ur-Typ"

Bei unseren Beobachtungen haben wir festgestellt, dass gerade ein ganz neuer Typ von Frauen auf der Bildfläche erscheint. Diese Frauen wollen wieder das Ur-Männliche kennenlernen und fahren genau drauf ab. Sie müssen sich nicht mehr mit der Emanzipation befassen, denn das haben für sie schon die Generationen von Frauen vor ihnen getan. Sie können sich wieder voll und ganz dem Mann-Frau-Spiel widmen. Wenn Ihr Euch einmal in Eurem Umfeld umschaut, so werdet Ihr viele Männer mit Vollbärten und Tätowierungen entdecken. Auch, wenn wir es anfangs nicht so richtig glauben konnten, aber das ist es, worauf viele Frauen stehen. Dabei ist es egal, wie attraktiv diese Männer sind. Sie wollen den Mann in seiner Reinform erleben.

Wenn Du es Dir beruflich leisten kannst, dann lasse Dir für diese Strategie einen Bart wachsen. Es muss nicht gleich ein Vollbart sein, ein Drei- bis Fünf-Tage-Bart reicht aus. Tattoos wiederum sind dabei Geschmackssache und nicht unbedingt für diese Strategie notwendig. Wichtig ist, dass Du selber diese Männlichkeit spürst und in Dir immer weiter zum Tragen kommen lässt. Als Training kannst Du dazu verschiedene

Männer-Tätigkeiten ausführen, wie z.B. mal Holzhacken, Bergsteigen oder an einem Auto rumschrauben. Sport und der dazugehörige Aufbau von Muskeln ist ebenfalls keine schlechte Idee, wobei wir von Frauen gehört haben, dass ein kleiner Bauchansatz von ihnen oft als sexy empfunden wird. Das ist wieder leicht zu erklären, denn ein Mann, der etwas fülliger ist, vermittelt Wohlstand und damit Sicherheit für sie und den möglichen Nachwuchs. Kehre also Deine rein urmännliche Seite nach außen, ohne diese oder Dich selbst zur Schau zu stellen. Finde Deine innere Ruhe und vertraue auf Deine Männlichkeit, denn diese wird die Frauen anziehen. Das Besondere an dieser Strategie ist, gar nicht so sehr in die Offensive zu gehen, sondern eher aus der Ruhe und dem Wissen heraus, dass Frauen auf den Ur-Typ Mann stehen, zu agieren. Sei offen für Frauen, baggere sie aber nicht an, sondern bleibe so was von coooooool, dass Du Dich vielleicht selber nicht mehr wiedererkennst. Dieses Cool-Sein hat aber nichts mit Distanz zu anderen Menschen, insbesondere zu Frauen zu tun, sondern ist, wie gesagt, die innere Gewissheit, dass gelebte Männlichkeit in der Frau die Neugierde weckt, Dich näher kennenlernen zu wollen. Wenn Du Deine Helden-Reise schon weit geführt hast, dann wirst Du verstehen, was genau wir hier meinen.

Was tun, wenn Du schon viel Geld hast?

Wir gratulieren! Damit hast Du nach genetischen Gesichtspunkten bereits alles richtig gemacht. Viele Männer verstecken sich gerne hinter der Emanzipation und kümmern sich zu wenig um ihre Finanzen. Doch eine Frau kostet Geld und wenn Du es nicht hast, kann es sein, dass ein anderer Mann sie Dir streitig macht. Nur Frauen, die keinen Wert auf die männlichen Attribute legen, wird es egal sein, ob der Mann bezahlt oder wie viel Geld er verdient. Doch seid Euch gewiss, dass diese Frauen ihr Frau-Sein nicht im vollen Umfang ausleben. Sie wollen Unabhängigkeit vom Mann, was sich nicht nur auf den finanziellen Bereich bezieht. Darunter fallen auch Hingabe, Sex und Achtung. Selbst wenn es sehr modern klingt, dass eine Frau ihre Rechnung bezahlt, so kratzt das weiter an einer erfüllten Mann-Frau Konstellation. Wenn die Frau berufstätig ist und ihr eigenes Geld verdient, dann ist es wichtig, dass Du mehr Geld verdienst. Hier geht es erneut darum, wie sie Dich auf Dauer sieht. Ein Held verdient mehr Geld als die Frau, damit sie zu ihm aufschauen kann, was in ihrem System wichtig für sie ist. Schwierig wird es, wenn der Mann weniger oder gar kein Geld verdient. Dann wird sie ihn früher oder später abservieren, wenn sie nicht einen sehr großen eigenen Vorteil daraus zieht. Für eine Frau, die eine erfüllte Partnerschaft leben will, kommt so ein Schlaffi-Mann nicht in Frage, denn dieser Mann ist langfristig unattraktiv für sie.

Ihr werdet sehen, wenn Ihr anfangt, die Rechnungen im Restaurant, im Supermarkt oder andere zu bezahlen, wird die Frau Eure Helden-Reise weiter unterstützen. Auch wenn sie es nicht explizit sagt, eine Frau findet das gut, wenn ein Mann das tut. Und klar, werdet Ihr am Anfang wahrscheinlich auf Widerstand stoßen, deshalb ist hier erneut Eure Beharrlichkeit gefragt. Egal, was die Frau sagt und welche Argumente sie ins Feld führt, Du bezahlst und kein anderer!

Wenn Du in der vorteilhaften Lage bist und Dir schon ausreichend Geld zur Verfügung steht, dann ist es Deine größte Aufgabe, an Dir als Mann zu arbeiten. Viele Männer mit Geld verhalten sich oft wie Arschlöcher, weil sie sich ihrer finanziellen Macht bewusst sind. Doch was wäre, wenn Du ordentlich Kohle hast und auch noch mit voll entfalteter Männlichkeit daherkommst? Wir sagen Dir, dann werden Dich Frauen kennenlernen wollen, die es richtig auf dem Kasten haben. Wenn Du aber weiter nur Drinks spendieren und alles über das Geld regeln willst, dann brauchst Du dieses Kapitel hier nicht zu lesen.

Geld ist ein Ausdruck Deiner Männlichkeit. Damit repräsentierst Du Status und Sicherheit. Wie wir ja jetzt wissen, ist das sehr wichtig für die Frauen. Status, um den genetischen Code des Stärkeren, besonders in der Fortpflanzung, weiterzuführen. Und Sicherheit, damit sie sich in einem finanziell sicheren Umfeld bewegen kann, was besonders bei Kinderwunsch eine große Rolle spielt. Eine Frau tut alles, um einen guten Background zu haben, denn das war früher für sie lebenswichtig.

Wenn Du genug Geld hast, beginne es bewusst für eine Frau auszugeben. Der Klassiker sind natürlich Schmuck oder das Ausführen in ein schickes Restaurant. Wenn Du aber an Dir als Mann und an einer zukünftigen oder bestehenden Beziehung arbeiten willst, dann nutze Dein Geld noch geschickter. Für eine Frau ist es äußerst wichtig, dass sie die Zuneigung zwischen Euch wahrnehmen kann. Da wir Männer nicht gerade die Kommunikationskanonen im weiblichen Sinne sind, können wir dies mit anderen Dingen ausdrücken. Dabei geht es gar nicht um sehr teure Aufmerksamkeiten, sondern um die richtigen. Schaffe mit Deinem Geld eine Wohlfühlatmosphäre für die Frau. In diesem Umfeld kann sie erblühen und wird die Ursache ohne Zweifel bei Dir erkennen, was wiederum für

Dich eine wunderbare Zeit verspricht. Wie Du siehst, tust Du das am Ende für sie und Dich gleichermaßen. Beginne ebenso damit, als Mann den Aussagen einer Frau richtig zuzuhören. Frauen äußern ihre Wünsche jedoch nicht so direkt, wie es ein Mann vielleicht machen würde. Frauen sprechen auch oft in der dritten Person oder sagen so im Vorbeigehen, was sie schön finden. Und genau um diese Aussagen geht es. Höre genau zu, was eine Frau sagt, denn darin findest Du fast jede Antwort, die Du brauchst. Stelle Dein Ego ganz weit zurück und beginne, der Frau *diese* Wünsche zu erfüllen. Das kann auch ohne große Worte passieren. Tu es einfach und lasse es wirken. Selbst wenn sie sagt, dass so was nicht nötig ist oder sich sogar etwas dagegen sträubt, sei Dir sicher, sie wird es gut finden. Tue es, ohne anfangs eine Gegenleistung zu erwarten. Tu es einfach nur für sie. Das gilt sowohl für die Flirtphase, wie auch für feste Beziehungen.

Dieses Handeln hat aber nichts damit zu tun, dass Du nun zum Frauenversteher oder Weichei mutierst. Es heißt nicht, dass Du unentwegt an ihren Lippen hängst, um ja alles mitzubekommen. Übertreibe es nicht und picke Dir die Sachen heraus, die Du auch umsetzen kannst. Lieber weniger und dafür aber erfüllen, als zu viel zu wollen und es dann doch nicht umzusetzen. Es ist ebenfalls nicht das Ziel, der Frau alles recht zu machen, sondern die besagte Wohlfühlatmosphäre herzustellen.

Mit dem Herstellen der Wohlfühlatmosphäre und dem überraschenden Geschenkemachen, kannst Du im Übrigen bereits jetzt schon beginnen, selbst wenn Du im finanziellen Sinne erst am Anfang stehst. Denn nur wenig ist für eine Frau prickelnder, als ein unerwartetes Geschenk zu einem unerwarteten Zeitpunkt. Tu einfach das, was in Deinem Rahmen gerade möglich ist. Ein Held wird früher oder später mehr und mehr Geld verdienen, denn Deine, sich aufbauende Männlichkeit, hat darauf ebenfalls großen Einfluss.

Wenn Geld für Dich keine Rolle spielt, dann tu auch sehr viel für Dich persönlich. Schau Dich in Deinem Leben um. Was hast Du, was Deine Männlichkeit repräsentiert? Was für ein Auto fährst Du? Welche Kleidung trägst Du, und wie ernährst Du Dich? Wie muss eine Party für Dich aussehen? Wie stellst Du Dir einen Urlaub vor? Schaue einmal, was für Dich wichtig ist. In der Anpassung der Geschlechter versuchen Männer oft, es den Frauen recht zu machen und schränken sich in ihrer Männlichkeit extrem ein. Doch viele Frauen wollen das gar nicht, wissen aber nicht, wie sie es Dir mitteilen können. Auch ihnen fehlt häufig die Erfahrung im Umgang mit dem männlichen Geschlecht und was genau für sie das Männliche ausmacht. Da Du ein Mann bist, sollte es für Dich ein Leichtes sein, herauszufinden, was Deine Männlichkeit nach außen tragen kann. Kauf Dir ein großes Auto und am besten noch ein zweites dazu. Selbst wenn die

Frau es am Anfang zu übertrieben findet, wenn sie erst einmal drin sitzt und den Komfort genießt, wird sie es nicht mehr missen wollen. Oder buche ein 5-Sterne-Hotel, selbst wenn die Frau Wert auf Bescheidenheit legt. Das Ganze funktioniert natürlich auch, wenn Du bereits in einer festen Partnerschaft bist und vielleicht schon Kinder hast. Erweitere mit Deiner Männlichkeit ihren und Deinen Horizont in jeglicher Hinsicht und wir garantieren Euch eine großartige Zeit!

Online-Dating

Nun gibt es heutzutage nicht nur das Live-Kennenlernen, sondern viele elektronische Möglichkeiten, um mit einer Frau in Kontakt zu kommen. Um hier ebenfalls erfolgreich zu sein, bedarf es einiger Feinjustierungen Deines Profils. Wenn Du als Mann meinst, hinter einem Online-Profil kannst Du alles verstecken, was Du z.B. über Frauen denkst oder die genetischen Fakten umgehen willst, dann wirst Du das auch auf diesem Weg nicht schaffen. Menschen kommunizieren, neben Worten, ebenfalls über nonverbale Botschaften und Schwingungen. Diese sind weder an Raum noch Zeit gebunden und um uns herum allgegenwärtig. Du kannst in Deinem Profil noch so viel Süßholz raspeln und Dich als der tollste Mann der Welt präsentieren, wenn Deine Schwingungen nicht stimmen, kommt das auch beim Online-Dating nicht an. Deine Ausstrahlung als Mann wirkt sowohl beim Surfen auf Portalen, wie beim Benutzen von Apps, denn das sind nur Hilfsmittel, um eine Frau kennenzulernen. Wenn Du Dir nur dieses Kapitel zum Lesen rausgesucht hast, dann wirst Du mit einer alleinigen Optimierung Deines Online-Profils wenig erreichen.

Lies dieses Buch im Gesamten und optimiere mit Deinen neuen Erkenntnissen noch einmal Dein persönliches Profil. ‚Upgrade' Dich als Mann auf ein höheres Level, denn mit Deinem alten Ich wirst Du keine Frau kennenlernen, die auf diesem neuen Level spielt.

Beim Online-Dating sollten einige wichtige Regel beachtet werden, denn hier geht es ebenfalls wieder darum, die Frauen zu verstehen, die mit Dir auf diesem Wege kommunizieren. Online-Dating hat den großen Vorteil, dass Du eine sehr große Auswahlmöglichkeit an Frauen hast, die Du anschreiben kannst. Das geht den Frauen genauso, und daher stellt sich die Frage, was Dich von den Profilen anderer Männer unterscheidet, und warum sie *Dich* wählen sollte? Beim Online-Dating ist es so, dass Frauen bei einer Neuanmeldung meist zwischen 50 und 300 Mails pro Tag auf ihr Profil gesendet bekommen. Die Anfragen von Frauen an Männer liegen dagegen oft im einstelligen Bereich. Du kannst Dir vorstellen, dass viele Frauen von dieser Flut an Mails absolut überrascht und oft auch etwas überfordert sind. In einigen Fällen sind unterirdische Mails dabei, für die wir uns bei unseren Leserinnen für die Spezies Mann nur entschuldigen können! Aber die Männer, die dieses Buch verinnerlichen, werden Euch in Kürze auf einem ganz anderen Level entgegentreten. :)

Schauen wir nun einmal auf Dein Profil und wie Du es für eine Frau optimieren kannst. Da Du Dich über Fotos präsentierst, kannst Du festlegen, wie eine Frau Dich wahrnehmen soll. Du hast hier die große Chance ein neues Level für Dich zu kreieren, selbst wenn Du im realen Leben gerade noch daran arbeitest. Überlege Dir, wie Du Dich einer Frau präsentieren willst. Was für ein Mann willst Du für sie sein? Wir haben festgestellt, dass eine Mischform von Fotos die höchste Trefferquote bei Frauen bringt. Ein Foto ist nämlich nur eine Momentaufnahme und stellt bei weitem nicht Deine ganzen Facetten dar. Gib einer Frau mehr Informationen, wie Du zu unterschiedlichen Anlässen wirkst. Eine Frau, die einen Partner fürs Leben sucht, will wissen, wie Du in normaler Freizeitkleidung aussiehst, aber auch, wie Du in einem schicken Outfit wirkst. Wie gesagt, Frauen denken immer schon einen Schritt weiter. Sie wollen wissen, ob sie mit Dir in Abendgarderobe in die Oper gehen können, oder ob Du auch in Frage kommst, wenn sie Dich ihren Eltern vorstellen. Selbst, wenn es Frauen nicht immer bewusst ist, sie achten auf solche Dinge. Genauso ist es ihnen wichtig, Dir ins Gesicht zu schauen, in Deinen Augen und Deinen Gesichtszügen zu lesen. Wir erinnern uns: Frauen können mehr in einem Gesicht erkennen, als wir Männer es uns je vorstellen können. Daher lösche die Schnappschuss-Fotos von Deinem Profil und mache unterschiedliche Fotos in verschiedenen Outfits. Und diese am besten noch in unterschiedlichen Locations, damit alles echt wirkt. Mache dabei sowohl totale, wie auch Portrait-Fotos von Dir. Wenn Du kannst, packe ebenso ein Foto mit Bart dazu.

Es geht hier nicht darum, einen Katalog zu schießen, sondern Dich facettenreich in einer natürlichen Umgebung zu zeigen. Damit gibst Du einer Frau eine Auswahlmöglichkeit, denn Du bist nicht nur so, wie auf dem einen Foto, sondern sie kann Dich auch so, so oder so haben. Glaube uns, selbst Frauen die nicht gerade auf Männer im Anzug stehen, sehen es gerne, diese Möglichkeit einmal von Dir präsentiert zu bekommen. Es geht dabei wieder um den Status, den Du damit ausstrahlst, und die Genetik der Frau wird sehr hellhörig. Außerdem sieht eine Frau so, dass es bei Dir eine Weiterentwicklungsmöglichkeit gibt, die sie jederzeit als Option ziehen kann. Damit verschaffst Du Dir einen enormen Vorteil vor den auf der Couch sitzenden, ollen T-Shirt-Trägern. Wie gesagt, auf die Mischung kommt es an.

Als nächstes schauen wir einmal, was Du in Dein Statement schreibst. Wichtig ist, dass Du ehrlich indem bist, was Du der Frau mitteilst. Schreibe ruhig genau rein, was Du von einer Frau willst, wie Du Dir eine Partnerschaft oder einen Flirt vorstellst. Schummle auch nicht mit Deinem Alter, Du weißt ja,

Männer werden mit dem Alter immer attraktiver für eine Frau. Gib Dir selbst ein gutes Gefühl, wenn Du Dein Profil erstellst. Es soll kein Verstellen oder ein Want-to-be-Profil sein, denn das kannst Du beim Live-Kennenlernen dauerhaft eh nicht aufrechterhalten.

Wenn Du dann eine Frau anschreibst, dann sei originell, überraschend, kreativ und humorvoll. Denke an die 50 bis 300 Mails, die Frauen online erhalten. Es gibt viele Männer, die mit kurzen Sätzen oder blöden Sprüchen versuchen, bei einer Frau zu landen. Oft entpuppt sich hier auch ein anfänglich nettes Vorgeplänkel zu einem späteren Vollpfosten-Verhalten, mit dem Frauen nichts anfangen können oder wollen. Mache den Unterschied in Deinem Auftreten. Auch hier gilt wieder, lies genau, was sie in ihrem Profil stehen hat. Das kannst Du meist als guten Aufhänger für Dein Anschreiben nutzen, und stelle die eine oder andere Frage in Deinem Text. Mit einer Frage erhöhst Du die Wahrscheinlichkeit einer Rückantwort, denn dann liegt der Spielball bei ihr, und die meisten Frauen sind höflich und beantworten Deine Fragen, wenn sie nicht gerade von Mails zugeschüttet sind. Das kann auch der Grund sein, warum sie Dir nicht gleich auf Deine erste Mail zurückschreibt. Setzte noch einmal neu an und schreibe eine zweite Mail. Achte bei Deinem Schreiben immer auf eine gute Rechtschreibung und Ausdruck, denn daraus lesen die Frauen, ob Du

Dich als Mann auch artikulieren kannst. Hier hast Du nicht die Möglichkeit, wie in einem persönlichen Gespräch, Ping-Pong mit den Worten zu spielen, daher sollte Dein Text eine runde Sache sein. Wenn eine Frau nach der dritten Mail nicht auf Dich reagiert, dann kannst Du davon ausgehen, dass sie kein Interesse an einer Konversation mit Dir hat. Das ist keineswegs ein Grund, den Kopf in den Sand zu stecken, sondern aus dieser Situation zu lernen. In einer letzten vierten Mail kannst Du sie fragen, was ihr genau nicht gefallen hat. Wenn sie Dir darauf antwortet, dann hast Du die Möglichkeit, Dein Profil anschließend für die nächste Frau zu optimieren. Wenn sie auf Deine vierte Mail ebenfalls nicht antwortet, dann setze Deine Helden-Reise zu einer anderen Frau fort. Denn einen Helden will jede Frau in ihrem Leben haben, und eine andere Frau wartet garantiert schon auf Dich!

Einige Männer nutzen bei Misserfolgen die Anonymität der Portale auch dazu, eine Frau zu beleidigen oder zu beschimpfen. Bedenke, dass sie Dich mit Deinem Profil oder Schreiben wahrgenommen hat. Vielleicht ist sie ja noch im Auswahlprozess, doch mit pampigen Beschimpfungen werden ihre Türen für Dich für immer verschlossen sein. Denke an Dein Held-Sein und frage Dich, wie ein Held in dieser Situation reagieren würde? Würde er eine Frau beleidigen? Nein, er würde auf sein Ross steigen, sich bedanken und wieder losreiten. In ein neues Abenteuer, eine neue Chance und ein neues Glück.

Hier noch ein Wort zum App-Dating. Dabei hast Du oftmals nicht so viele Möglichkeiten, ein ausführliches Profil zu erstellen. Hier geht es um Deine Fotos und vielleicht noch um Deine Interessen. Auf der Schwingungsebene funktioniert es aber nach dem gleichen Prinzip wie jedes Frauen-Kennenlernen. Deine Fotos werden beim App-Dating höchstwahrscheinlich öfters angeschaut, als auf einem Online-Profil, da Du hier von Deinem Gegenüber selten eine Rückmeldung erhältst, wie oft Deine Fotos angeklickt wurden. Achte also darauf, dass Du coole Fotos hochlädst, um das Interesse einer Frau bereits beim ersten Klick zu wecken.

Im Großen und Ganzen solltest Du Dich nicht nur auf Online-oder App-Dating festlegen. Gehe zudem raus und treffe Frauen in „freier Wildbahn". Sprich mit ihnen und lerne sie mit all ihren wunderbaren Facetten kennen. Du kannst ein noch so begabter Online-Dater sein, irgendwann wirst Du eine Frau ja auch mal auf einen Kaffee einladen wollen. Und da solltest Du soweit sein, dass außerhalb der Portale noch mehr daraus werden kann.

Die Verführung Deiner Traum-Frau

Fast jeder Mann hat sie schon einmal getroffen, oder sie befindet sich in seinem unmittelbaren Umfeld. Die Traum-Frau. Diese Frau ist so umwerfend toll, dass Du es niemals wagen würdest, sie anzusprechen. Ihre Ausstrahlung und Attraktivität rauben Dir den Atem und ihre Grazie lässt Dich feuchte Hände bekommen.

Hier die gute Nachricht für Dich: Diese Frauen haben oft das Problem, nicht angesprochen zu werden und wenn, dann von Typen, die sich selber völlig überschätzen. Auf der anderen Seite sollte Dir klar sein, dass diese Frauen wissen, dass sie rein theoretisch jeden Mann haben könnten. Doch auch diese Traum-Frauen sind Frauen und funktionieren nach dem gleichen, uralten genetischen Prinzip. Selbst sie haben manchmal Zweifel an ihrer Attraktivität und wissen nicht immer auf Anhieb, wie sie sich einem Mann gegenüber verhalten sollen.

Viele Männer geben sich oft schon selber einen Korb, weil sie denken, dass sie bei so einer Frau nie landen könnten. Hier die Frage: Woher weißt Du das? Hast Du sie gefragt? Hat sie zu Dir gesagt, dass sie Dich nicht will? Also, hör auf, so was zu denken und gehe strategisch an die Sache heran.

Es ist ein großer Vorteil für Dich, dass solch attraktive Frauen nur sehr wenig von passablen Männern angesprochen werden. Deine Aufgabe ist es, Dich zu trauen und den ersten Schritt zu wagen. Um so eine Frau zu verführen, musst Du nur Dein ganzes Heldentum in Dir zu einem absoluten Traum-Mann bündeln. Ja, Du hast richtig gehört. Du bist ein Traum-Mann! Und wer das Gegenteil behauptet, ist sich seines Traum-Mann-Seins nicht bewusst. Also stehen sich jetzt Traum-Frau und Traum-Mann gegenüber. Was nun?

Wie wir ja inzwischen als Männer wissen, ist für Frauen äußere Attraktivität gar nicht das ausschlaggebende Kriterium, das sie an einem Mann gut finden. Das gilt ebenfalls für die Traum-Frau. Diese Frau strebt nicht unbedingt nach dem Schönling oder dem männlichen Model. Diese Frau hat die gleichen Ansprüche und Bedürfnisse, wie es Frauen haben, die Dir nicht als Traum-Frauen aufgefallen sind. Jede Frau ist eine Traum-Frau und jeder Mann ein Traum-Mann, jedoch sind die Geschmäcker und Ziele verschieden. Daher gibt es auch so viele unterschiedliche Frauen und Männer auf diesem Planeten, was absolut wunderbar ist.

Du hast also Deine Traum-Frau im Visier und willst ihr nun näher kommen. In diesem Fall ist äußerstes Fingerspitzengefühl erforderlich. Solche Frauen sind manchmal scheu wie ein Reh und hier ist Deine Männlichkeit auf eine ganz besondere Art und Weise gefragt. Wie gesagt, wird es höchst wahrscheinlich so sein, dass sie häufig von Männern angemacht wird, an denen sie kein Interesse hat. Denn diese, sich überschätzenden Männer, suchen ihr Heil in der Offensive, was meist nicht funktioniert. Sie trampeln dabei wie ein Elefant im Vorgarten alle zarten Pflänzchen nieder, die sie vielleicht gerade mit einem klugen Spruch oder niveauvollen Witz gepflanzt haben. Beobachte einmal diese Situation und schau Dir an, wie diese Männer sich verhalten, denn sie reden sich möglicherweise gerade um Kopf und Kragen. An der Körpersprache und an der Reaktion der Frau kannst Du ablesen, ob sie sich bei ihm wohlfühlt oder nicht. Viele Männer übertreiben es bei solchen Frauen oft zu sehr und quatschen sie schon beim ersten Kennenlernen völlig tot, um möglichst gut dazustehen. Deine Strategie sollte hier im absoluten Gegenteil liegen!

Als erstes lege Deine Furcht ab, je mit dieser Frau ins Gespräch zu kommen und erwäge die Möglichkeit, sie in Deinen Bann ziehen zu können. Du bist ein

Held, und nur darum geht es! Darauf reagieren alle Frauen, die einen Helden in ihrem Leben haben wollen. Nimm auch den Begriff Traum-Frau nicht zu wörtlich, denn dann bleibt diese Frau tatsächlich nur ein Traum für Dich. Versuche einmal, Dir vorzustellen, dass diese Frau nicht Deine Traum-Frau ist und es tausende andere Traum-Frauen da draußen gibt. Das nimmt Dir schon einmal den Druck, dass sie es unbedingt sein muss. Wir garantieren Dir, selbst wenn aus dem Ganzen nichts wird, es gibt so viele Traum-Frauen auf der Welt, dass dieses eine Leben nicht ausreichen würde, um alle kennenzulernen.

Und? Wie fühlt sich das an? Deine Traum-Frau ist eine ganz normale Frau und genauso möchte sie auch behandelt werden. Denn einer Frau nützt es nichts, die ganze Zeit angehimmelt, angebetet oder unterwürfig angeschmachtet zu werden. Solche Typen braucht sie nicht! Also, mach Dich locker und versuche, diese Frau zu *lesen*. Damit meinen wir, herauszufinden, was für sie wichtig ist. Was mag sie, wie kleidet sie sich, wie geht sie mit anderen Menschen um, welche Themen sind interessant für sie? Einige Informationen kannst Du durch Beobachten herausfinden, oder Du schnappst zufällig einige Hinweise aus einem Gespräch mit einem anderen Mann oder mit einer anderen Frau auf. Aber Vorsicht! Das ist hier keine Anleitung zum Stalken, sondern nur, um die Informationen herauszufinden, die Dir erste Anhaltspunkte geben.

Wenn Du Deiner Traum-Frau spontan begegnest, dann hast Du natürlich nicht so viel Zeit, das alles herauszufinden. Hier geht der eben angerissene Plan ohne diese Infos weiter.

Das Wichtigste ist nun, für Deine Traum-Frau eine neutrale Zone zu schaffen. Einen Wohlfühlraum für sie um Dich herum, in dem sie vor anderen Männern sicher ist. Hier kann sie durchschnaufen und läuft nicht wieder Gefahr, aufdringlich angemacht zu werden. Stelle Dir diesen Raum in Deinen Gedanken vor und auch wie groß diese Oase für sie ist. Es kann gut sein, dass sie unbewusst diesen Raum aufsucht, ohne dass Du schon vorher im Gespräch mit ihr warst. Wenn Du dann im Gespräch mit ihr bist, höre ganz genau zu und lenke das Gespräch über Fragen. Sprich über Job, Veranstaltungen oder erzähle ein paar niveauvolle Anekdoten aus Deinem Leben. Viele Männer verkrampfen beim Kennenlernen ihrer Traum-Frau, denn sie wollen unbedingt alles richtig machen. Bleib locker, und bring die Frau zum Lachen. Eine Frau zum Lachen zu bringen, ist im Übrigen ein ganz wichtiger Aspekt beim Kennenlernen jeder Frau! Frauen mögen Männer mit Humor. Neben der Ausschüttung von Endorphinen im Gehirn, vermittelst Du ihr so unter anderem Deine männliche Gelassenheit und eine beschwingte Zeit, die sie ebenfalls noch nach Eurem Kennenlernen mit Dir erleben kann. Und welche Frau hat nicht gerne einen Mann an ihrer Seite, mit dem sie lachend und glücklich durchs Leben gehen kann? Sei dynamisch in Deiner Ausrichtung. Die meisten Männer haben nur eine Verhaltensstrategie, die sie gegenüber Frauen anwenden. Doch Frauen sind in ihren Charakteren, nicht zu verwechseln mit ihrer genetischen Programmierung, sehr individuell, und Deine Aufgabe ist es, mit der Dynamik des Gesprächs mitzugehen. Sei nicht verunsichert, wenn mal eine Aussage oder ein witziger Spruch von Dir nicht ankommt. Finde heraus, was sie zum Lachen bringt und was für sie interessant ist. Egal was, daraus kannst Du immer ein gutes Gesprächsthema filtern. Andere Männer quatschen Frauen oft mit Dingen voll, die diese gar nicht interessieren. Dabei wird einer Frau meist langweilig und die Chancen, sie zu kriegen, werden immer kleiner. Behandle Deine Traum-Frau, wie eine ganz normale Frau, und damit bist Du schon auf dem richtigen Weg. Besinne Dich darauf, was Du auf Deiner Helden-Reise gelernt hast und setze es nach und nach ein.

Vor Veröffentlichung unseres Buches haben wir ein großes Experiment gestartet. Gut, dass klingt etwas hochgestochen, in Wahrheit war es so: In einer lauen Sommernacht sind wir mit ein paar Frauen vor einer Bar ins Gespräch gekommen und es kam dazu, dass wir ihnen von unserem Buch erzählten. Es war phänomenal zu sehen, wie sich immer mehr Frauen um uns platzierten und neugierig lauschten. Auf der einen Seite amüsiert über die eine oder andere witzige Episode aus dem Buch und unserem Leben, auf der anderen Seite sehr interessiert an unseren Ausführungen. Viele von ihnen haben sich sehr gut verstanden gefühlt und sogar in einigen Dingen um Rat gefragt. Selbst Frauen, die eigentlich gleich nach Hause gehen wollten, saßen noch bis zum Morgengrauen bei uns.

Der Grund, warum wir das hier erzählen, ist, dass wir ihnen ein Gesprächsniveau und Themen gegeben haben, die sie sonst nur sehr selten zu hören bekommen. Und genau darum geht es. Mach einen Unterschied zu anderen Männern. Ob es im Verhalten, im Gesprächsniveau oder in den Themen ist, die Du auswählst. Versuche, mit einer Frau auf einer mentalen Ebene eine Stufe höher zu kommen. Dazu muss Du nicht Philosoph sein oder fünf Doktortitel haben - nein, verlasse die normale, allgegenwärtige Konversationsebene und gehe in die Tiefe. Wie Du an unserem Beispiel siehst, interessieren Frauen sich für Dinge, bei denen es wirklich um etwas geht, die Substanz und Visionen vermitteln sowie das Interesse an einer gewissen Tiefgründigkeit zeigen. Und genauso bekommst Du Deine Traum-Frau! Du wirst wahrscheinlich der erste Mann sein, der solche Gespräche mit ihr führt. Deine Traum-Frau hat schon vieles gehört, aber noch nie einen Mann, der so viel über eine Frau weiß. Und bitte, fühle Dich frei, aus unserem Buch zu zitieren. Wir garantieren Dir eine begeisterte Zuhörerin. Erinnere Dich, was wir über die Wichtigkeit der Kommunikation für Frauen geschrieben haben. Sie ist der Schlüssel zu ihrem Verstand und anschließend zu ihrem Herzen. Dein Wissen über eine Frau unterstreicht einmal mehr Deine Männlichkeit und Dein Held-Sein. Ein Mann der das kann, ist für eine Frau wie ein Sechser im Lotto und sehr inspirierend für sie, egal, wie attraktiv sie auch sein mag.

Jetzt werden vielleicht einige von Euch denken, super! Das Buch habe ich gelesen und nun ziehe ich los und quatsche jede Frau mit meinem Wissen voll. Da empfehlen wir wieder eine gute Dosierung. Denn es geht nicht darum, herkömmliches Gequatsche gegen klugscheißerisches Gequatsche auszutauschen. Du benutzt Dein Wissen nicht, um eine Frau zuzutexten, sondern um damit auf sie und ihre Aussagen zu reagieren. Durch das Wissen aus unserem Buch hast Du die ultimative und bereits tief in uns verankerte Verführungsstrategie an der Hand. Wie gesagt, Du wirst wohl der erste Mann sein, der so mit einer Frau spricht und so viel darüber weiß. Doch ob sie es wirklich auch wissen will, das weißt Du vorher noch nicht. Fülle Deine Fragen und Antworten mit Deinem neuen Wissen sowie mit den gewonnenen Erkenntnissen Deiner Helden-Reise und entfache so ihre Neugierde. Hebe Dir unbedingt noch Wissen für Deine weitere Konversation auf, damit Du beim nächsten Nachfragen nicht sprachlos bist. Und vor allem erlebe all das

Wissen in Deinem eigenen Leben, denn das sind die interessantesten Momente, über die Du erzählen kannst.

Jetzt hast Du also Deiner Traum-Frau einen sicheren Rahmen und ein außergewöhnliches Gespräch gegeben. Und? Wie fühlt es sich an? Ist Deine Traum-Frau immer noch so unerreichbar, so galaktisch fern wie Du dachtest? Wahrscheinlich nicht, denn Du beginnst, sie wie eine Frau zu sehen und das „Traum", löst sich in Luft auf. Auch Deine Unsicherheit vergeht immer mehr und Du spürst, wie sich Dein männliches Sein in Deinem Körper aufbaut. Das ist genau die Präsenz, die Du ihr gegenüber haben solltest. Nur so kannst Du bei ihr punkten. Jetzt fehlt noch ein Schritt und das ist ihre Telefonnummer oder ihr sozialer Netzwerk-Kontakt. Hier ist es oft am besten, wenn Du ihr Deine Kontaktdaten gibst. Damit hat sie die freie Wahl, ob sie mit Dir schreiben, simsen oder telefonieren will. Es kann sein, dass sie Dir im Gegenzug ihren Kontakt gibt. Eine Garantie, dass es für Euch beide weitergeht, gibt es nicht. Aber glaube uns, Du hast eben mächtig Eindruck hinterlassen und wirst sicher Gesprächsstoff beim nächsten Treffen mit ihrer besten Freundin sein. Wenn Deine „Traum"-Frau für Dich weiterhin jederzeit erreichbar ist, z.B. im Job oder im Freundeskreis, dann kannst Du Deinen eingeschlagenen Weg nach und nach weitergehen. Dazu brauchst Du anfangs noch nicht ihre Kontaktdaten, denn Du siehst sie ja regelmäßig. Erweitere dabei Euer Zusammensein ebenso auf andere Gelegenheiten. Zugleich ist hier wieder die Devise, ganz entspannt an die Sache heranzugehen. Achte auf ihre Signale und was sie zu Dir sagt. Dann ist das erste richtige Rendezvous mit Deiner „Traum"-Frau und der erste Kuss nicht mehr weit.

Das Geheimnis des „Schattens"

Dieses Kapitel beschreibt die Königsklasse in der Verführung einer Frau. Wenn Du in der Lage bist, den „Schatten" anzuwenden, dann bist Du auf Deiner Helden-Reise am Ziel angekommen. Dem „Schatten" gehen viele Übungsstunden voraus, in denen Du Dein Held-Sein trainiert und zur Perfektion gebracht hast. Die Basis des „Schattens" ist Deine Ausstrahlung, die aus Deinem Inneren kommt. Frauen reagieren unbewusst auf das Männliche, wenn dieses den Raum betritt. Das ist das, was wir schon am Anfang beschrieben haben. Männer reagieren zuerst auf äußere Merkmale der Frau, die sie anziehend finden. Für Frauen ist Deine nach außen strahlende Männlichkeit anziehend. Den „Schatten" kannst Du anwenden, wenn Du das Frau-Sein zu 100% gutheißt, keinen Zweifel an Dir als Held und am Wunder Frau mehr hast. Das steuerst Du über Dein Denken und Dein Sein als Held. Die Natur hat es so eingerichtet, dass je mehr ein Mann seine Männlichkeit lebt, umso stärker erreichen seine männlichen Schwingungen die Frau auf einer nonverbalen Ebene. Dazu musst Du nicht den großen Max machen, sondern einfach im Mann-Sein leben und Dir Deines Mann-Seins und dessen Wirkung bewusst sein. Ein Mann der das tut, präsentiert sich in seinem Wesen sehr ruhig und mit einem sicheren Auftreten. Er weiß, was das Mann-Sein bei einer Frau auslöst und kann den „Schatten" ohne zusätzliche Aktionen bei ihr anwenden. Wir selbst haben den, von uns so genannten „Schatten", angewendet und waren von der Wirkung überrascht. Wenn Du, wie gesagt, Deine Reise zu einem Helden vollzogen hast, passieren interessante Dinge, wenn Du einen Raum betrittst. Frauen werden, teils unbewusst, ihr Verhalten ändern. Die einen beginnen, sich eine Haarsträhne um den Finger zu wickeln, andere richten ihre Garderobe und wieder andere werden den direkten Blickkontakt zu Dir suchen. Wenn Du diese Signale wahrnimmst, kannst Du Dir aussuchen, welche Frau Du ansprechen willst.

Am deutlichsten ist das Signal des Augenkontaktes. Hier besteht Deine Aufgabe darin, nicht gleich wieder wegzuschauen, sondern diesen Augenkontakt zu halten. Ein Lächeln unterstützt den Blickkontakt auf eine sympathische Art und Weise. Höchstwahrscheinlich wird die Frau dann wegschauen, aber schon mal von Dir beeindruckt sein. Nun ist der Weg frei für den „Schatten". Der „Schatten" heißt, einfach auf sie zuzugehen und über ihr Gesicht einen Schatten zu werfen. Da Männer meistens größer sind als die Frauen, die sie ansprechen, wird automatisch ein Schatten entstehen, je näher Du an sie herantrittst. Und Dein Herantreten wird so nah sein, dass dieser Schatten garantiert auf ihr Gesicht fällt. Wie gesagt, der „Schatten" ist die Königsklasse und sollte erst am Ende Deiner Helden-Reise angewandt werden.

Wenn eine Frau Dich nun im Raum wahrnimmt, bekommt sie auf der nonverbalen Ebene mit, dass von Dir als Mann keine Gefahr für sie ausgeht und sie Dich hinter ihre natürliche Schutz-Barriere lassen kann. Wenn Dein Mann-Sein absolut *pro* Frau ausgerichtet ist, dann ist es für sie wiederum sicherer, dass Du als Mann nun ihren Schutz bildest. Im Moment des „Schattens" bekommt die Frau die weichen Knie, denn das ist das, was - genetisch bedingt - eine Frau schwach werden lässt. Wenn Du das geschafft hast, musst Du nicht mehr viel machen. Der Weg zum ersten Kuss dauert beim „Schatten" meist nur wenige Augenblicke oder ein, zwei heiße Tänze. Bedenke, dass Du jetzt schon so nah an einer Frau dran bist, wie es manchen Männern selbst in einer Beziehung nicht gelingt. Sie hat Dir ein großes Tor in ihre Welt geöffnet und Dich mit offenen Armen empfangen. Von hier an können Du und sie das Mann-Frau-Spiel in vollen Zügen genießen.

Die Männer, die bereits in Beziehung sind, müssen hier jetzt nicht traurig sein. Der „Schatten" ist immer und zu jeder Zeit bei einer Frau anwendbar. Denn darum geht es für eine Frau. Sie will einen Helden. Einen Helden, der ihre Barriere durchbricht. Diese Männlichkeit könnt Ihr ebenfalls in einer Beziehung aufbauen. Hier habt Ihr sogar die besseren Karten, als ein Single-Mann. Euch hat eine Frau schon gewählt und Euer Trainingsbereich ist sicher. Gemeinsam könnt Ihr nun an Eurer Beziehung arbeiten und sie zu einem inspirierenden Zusammensein formen.

Viele von Euch können sich das, was wir in diesem Kapitel schreiben nicht wirklich vorstellen. Woher sollt Ihr diese Vorstellung nehmen, wenn Ihr es noch nicht selbst erlebt habt? Auch wir haben auf dem Weg unserer Helden-Reise viele Dinge ausprobiert und waren erstaunt, was bei Frauen ankommt und überrascht, welche Dinge nicht wichtig waren, obwohl wir von unserem Männerstandpunkt aus dachten, dass sie es sind. Wenn Ihr in der Lage seid, den „Schatten" zu leben, dann wendet ihn immer wieder bei einer Frau an. Selbst in unverhofften Augenblicken könnt Ihr so auf eine Frau zugehen, egal, ob Ihr Single seid oder in einer Beziehung. Für die Frau ist es zudem oft eine willkommene Pause, um aus ihrer Gedankenwelt auszusteigen, oder um sich in Euren Armen einfach fallen lassen zu können.

Die Momente des „Schattens", werden besonders in einer Beziehung Eure Liebe, sowie Euer gegenseitiges Begehren frischhalten und Eure Partnerschaft immer wieder neu stärken. Bei allen möglichen Problemen, die Euch auf Eurem gemeinsamen Lebensweg auch begegnen können, es geht um Euch und das wundervolle Mann-Frau-Spiel.

Der „Schatten" ist der höchste Ausdruck gelebter Männlichkeit gegenüber einer Frau.

Tipps

Tipp 1: Wenn Du mit einer Frau sprichst, zitiere aus unserem Buch. Aber erwähne dabei nicht, dass Du das gelesen hast. Lass es aussehen, wie Dein eigenes natürliches Wissen, was es ja auch ist.

Tipp 2: Wenn Du mit einer Frau sprichst, zitiere aus unserem Buch. Bedenke aber, Frauen wollen nicht unbedingt wissen, woher Dein Held-Sein kommt, sondern, wer Du am Ende für sie bist.

Tipp 3: Wenn Du mit einer Frau sprichst, zitiere aus unserem Buch. Das lebendigste Zitat dieses Buches bist bereits Du als neu geborener Held. Übe Dich weiter in Deiner männlichen Präsenz.

Tipp 4: Der Test Deiner Männlichkeit

Eine Frau wird Deine Männlichkeit immer wieder auf die Probe stellen, um zu überprüfen, ob sie weiterhin sicher bei Dir ist. Das tut eine Frau oft auf unterschiedliche Art und Weise. Hier ein Beispiel dazu: Es kann sein, dass sie sich in Deiner Gegenwart oder auf einer Party mit einem anderen Mann unterhält, der eventuell auch gar nicht so unattraktiv ist. Dass die Frau mit einem anderen Mann spricht, ist ja im Grunde nichts Schlimmes, aber für einen Mann gibt es einen Zeitpunkt, an dem dieses Gespräch schon etwas zu lange dauert. Es kann zwar sein, dass dieses Gespräch mit einem anderen Mann recht interessant ist, aber einer Frau geht es dabei um etwas anderes. Sie stellt so Deine Männlichkeit auf die Probe, denn sie will wissen, wie weit sie gehen kann. Je mehr Du in diesem Rahmen zulässt, umso mehr kratzt das wieder an Deinem Held-Sein. Das heißt aber nicht, jedes Gespräch sofort zu unterbinden, sondern nach einer gewissen Gesprächszeit einzuschreiten. Abgesehen davon, dass gerade ein anderer Typ Deine Frau angräbt, selbst wenn er Gegenteiliges behaupten würde.

Besonders für sogenannte „moderne" Männer ist es schwierig, solch eine Situation richtig einzuschätzen und dementsprechend zu handeln. An diesem Beispiel sehen wir erneut, dass die Gleichstellung von Mann und Frau nicht funktioniert und Du dadurch mehr verlieren als gewinnen kannst. Den Moment der abgelaufenen Gesprächszeit musst Du erfassen und für Dich festlegen. Wenn Du nicht ganz das Gefühl dafür hast, dann schaue auf Deine Uhr. Hierbei geht es aber nicht um Eifersucht, das wollen wir noch einmal betonen. Eifersucht entspringt wieder der Unsicherheit eines Mannes. Als Held wirst Du diese Unsicherheit immer mehr verlieren und brauchst daher auch nicht eifersüchtig zu sein. Nein, hier will eine Frau, dass Du bestimmt zu ihr hingehst und dieses Gespräch zwischen ihr und einem anderen Mann beendest. Das kannst Du auf eine äußerst charmante Art und Weise machen, aber mit der klaren männlichen Botschaft, dass hier jetzt Schluss ist. Dabei wird Dir der andere Mann mit dem sie im Gespräch ist, nicht in die Quere kommen, denn ihm ist durchaus bewusst, dass er gerade diese Frau angegraben hat. Außerdem kommt Dir hierbei das Hierarchiedenken bei Männern zugute, denn ein Mann räumt schnell das Feld und akzeptiert es, wenn Du Dich mit einem klaren männlichen Auftreten hier präsentierst. Auch wenn es Dir die Frau vielleicht nicht sagt, aber sie wird diese Aktion toll finden, denn genau das hat sie damit bezweckt.

(Das Ganze gilt übrigens im umgekehrten Sinne für Dich in Bezug auf ein zu langes Gespräch mit einer anderen Frau. Hier ist es wiederum Deine Aufgabe, dieses Gespräch nach einer gewissen Zeit zu beenden und zu Deiner Frau zurückzukehren.)

Tipp 5: Friend with Benefits

Manchmal kann die Helden-Reise zu Deiner Angebeteten etwas länger dauern. Männer, die permanent mit geladener Waffe unterwegs sind, haben bei Frauen eine geringere Chance zu landen. Wenn Du mit dem Wort „Ficken" auf Deiner Stirn losgehst, dann ist es schwierig, die benötigte Lockerheit an den Tag zu legen, die Du brauchst, um die von uns beschriebene männliche Gelassenheit auszustrahlen. Kein Problem, wirst Du sagen, ich entlade meine Waffe regelmäßig und gehe ganz entspannt los. Diese Möglichkeit hat nur einen kleinen Haken: Klar, kannst Du Dir für einen kurzen Moment Befriedigung verschaffen, jedoch ist das Wort „Ficken" dann immer noch auf Deiner Stirn zu erkennen, selbst wenn Du es gerade etwas verwischt hast. Daher empfehlen wir Dir einen Friend with Benefits. Das sollte eine Frau sein, der es ebenfalls nur um Sex geht und nicht um eine Beziehung. Eure Treffen sollten nicht zu häufig stattfinden, damit bei keinem der Beteiligten der Gedanke aufkommt, daraus könne mehr werden. Der Sinn eines Friend with Benefits liegt in Deinem Gehirn. Beim Sex, viel mehr als bei der Selbstbefriedigung, werden beim Mann, wie ebenso bei der Frau, gewisse Hormone ausgeschüttet, welche absolut glücklich und locker machen. Wenn Du nach regelmäßigem Sex auf die übrige Frauenwelt triffst, ist es Dir egal, ob Du eine Frau *klarmachst* oder nicht. Du kannst Du selbst sein, denn es ist nicht Dein Trieb, der Dich in diesem Augenblick steuert, sondern die ehrliche Neugierde eine Frau kennenzulernen. Frauen nehmen so was auf einer unbewussten Ebene wahr, denn ein Mann, der sexuell befriedigt ist, strahlt für sie keine Gefahr aus. So kann sich eine Frau auf Dich einlassen, ohne zu befürchten, dass Du zu schnell auf Sex drängst.

Um hier noch einmal mit dem Klischee „Männer wollen ständig Sex" aufzuräumen, es ist wirklich so. Hier greift wieder unsere Genetik und Biologie, denn für Männer hat Sex einen höheren Stellenwert, als für eine Frau. Das kommt daher, dass es für einen Mann die intensivste Verbindung zu einer Frau ist. Wenn wir von unserer genetischen Programmierung ausgehen, haben wir dazu eine Theorie entwickelt. Denn, was hat den Mann vor vielen Tausenden von Jahren dazu veranlasst, nach der Jagd wieder zur Höhle zurückzukehren? Welchen Grund hatte er, immer und immer wieder sein Erjagtes über viele Kilometer nach Hause zu tragen? Wenn wir genau hinschauen, war die Jagd doch perfekt für den Mann. Er war mit seinen Kumpels unterwegs, sie haben sich gerade einen leckeren Wildteller geschossen und könnten jetzt zusammen ein fettes BBQ veranstalten. Noch ein oder zwei Kästen Bier dazu und die Party wäre perfekt. Jedoch haben Männer immer wieder ihre Beute mit ihren Frauen geteilt. Und bringt jetzt bitte nicht das Argument mit den Kindern ins Spiel! Nein, was wir nach Ankunft in der Höhle mit fetter Beute von einer Frau erhalten haben, war Sex und ein liebevoll gedeckter Tisch mit liebevoll zubereiteten Speisen. Die Natur ist eben clever und überlässt nichts dem Zufall, denn es geht zu jeder Zeit um das Weiterbestehen einer Spezies. Und wir wissen heute noch, dass ein Mann nicht viel mehr braucht, um immer wieder gerne zu seiner Frau zurückzukehren.

Um es kurz zu fassen, natürlich willst Du von einer Frau Sex und das am besten so schnell wie möglich. Für eine Frau ist es aber beim ersten Kennenlernen viel ansprechender, einen Mann erst einmal auf einer anderen Ebene zu erforschen, denn für sie ist die kommunikative Ebene am wichtigsten. Daher erlöst Dich ein Friend with Benefits von Deinem natürlichen Trieb und Du hast Zeit, ihr ganz genau zuzuhören. Dein Gehirn ist voller Glückshormone, und Du bist so gechillt, was wiederum eine Frau attraktiv an Dir findet. Daher kommt auch das Phänomen, dass sobald Du in einer Beziehung bist, sich ganz plötzlich viele andere Frauen für Dich interessieren. Das liegt daran, dass Du jetzt genau diese Gelassenheit ausstrahlst, die Frauen an Dir anziehend finden. Ein zweiter Punkt ist, dass Frauen ganz genau registrieren, wenn Du eine Frau an Deiner Seite hast. Denn dann hat Dich eine Frau bereits auf Deine „Tauglichkeit" als Held getestet und andere Frauen versuchen nun, ihr diesen für Gut befundenen Helden auszuspannen. Hier ist wieder Deine Aufgabe, auf dieses Anmachen nicht hereinzufallen und es sogar abzuwehren. Selbst wenn es für Dich schmeichelhaft ist, dass sich plötzlich so viele Frauen für Dich interessieren, kannst Du dabei wieder mehr verlieren als gewinnen. Zum einen wird Deine

Beziehung oder angehende Beziehung nicht lange halten, denn wir garantieren Dir, dass Deine Frau das mitbekommen wird. Frauen haben eine andere Sensorik als Männer, um kleinste Veränderungen in Deinem Verhalten wahrzunehmen! Denke erneut an das Lesen von Mimik, indem Dir die Frau um ein Vielfaches überlegen ist. Zum anderen wirst Du ebenfalls bei den Frauen nicht landen, die Dich gerade anbaggern, denn sie testen Dich darin, wann Du aus Deiner Beziehung aussteigen wirst. Ein Mann, der dermaßen leicht rumzukriegen ist, ist auch für die Konkurrenz kein attraktives Angebot. Denn wie sollen sich anschließend diese Frauen sicher sein, dass Du bei der nächsten Anmache nicht schon mit der nächsten Frau abdampfst? Manchmal ist so ein Verhalten für einen Mann schwer zu verstehen, aber bedenke, dass für eine Frau viel mehr auf dem Spiel steht als für Dich. Für einen Mann ist es nicht schwer eine Frau zu schwängern, jedoch für eine Frau beginnt damit eine lange Reihe von Verkettungen und Überlegungen. Daher schauen Frauen auch genauer hin, wenn es um die Wahl eines geeigneten Partners geht!

Die ganz Cleveren unter Euch gehen mit dem Friend with Benefits noch einen Schritt weiter. Sie nutzen die Kenntnis über diese Synergie und gehen mit dieser Frau in die Öffentlichkeit. Wenn die potentiellen Interessentinnen und Interessenten dann erfahren, dass Ihr nicht in einer Beziehung seid, ist die

Wahrscheinlichkeit für Euch sehr groß, so auch andere Frauen und Männer kennenzulernen. Dazu muss aber jegliche Eifersucht zwischen den Friends with Benefits aus dem Spiel gelassen und vorher aufgestellte Regeln ganz klar eingehalten werden. Wichtig ist hier noch zu wissen, dass nach Deinem Zusammenkommen mit einer Frau oder bei ihr mit einem Mann, die Funktion des Friend with Benefits erfüllt ist. Danach ist es am besten, wenn anschließend jeglicher Kontakt eingestellt wird. Das sollte ebenso eine vorher aufgestellte Regel zwischen Euch sein.

Wenn es für Dich nicht möglich ist, einen Friend with Benefits in Deinem Leben zu haben, dann bleibe bei der Taktik der entladenen Waffe. Suche Dir zusätzlich noch ein Hobby, bei dem Du in Deinem Gehirn ebenfalls Glückshormone produzieren kannst. Das können ausdauerndes Joggen, Extremsportarten oder der Besuch in einem Fitnessstudio sein. Wichtig ist, dass Du Dich körperlich gut ausgepowert und glücklich fühlst. Das macht, wie bereits gesagt, einen sehr anziehenden Eindruck auf die Frauenwelt.

Tipp 6: Das dritte Mal

Wenn eine Frau eigentlich gar nichts von Dir will, aber trotzdem ihren Spaß mit Dir haben möchte, dann vertraue auf das dritte Mal. Angenommen, Du hast die Frau, die Du toll findest, in Deinem Bett, und sie macht Dir klar, dass sie im Moment keine Beziehung möchte. In diesem Fall kannst Du Dich absolut locker machen. Wenn Euer Zusammensein über einen One-Night- oder Two-Night-Stand hinausgeht, greift bei der Frau wieder ihre Biologie ein. Bei einer Frau werden während des Sex neben vielen anderen ebenso bestimmte Bindungshormone ausgeschüttet, welche eine dauer-hafte Zuneigung zu einem Mann schnell besiegeln können. Wenn Dich, nach mehrfachen gemeinsamen sexuellen Aktivitäten, eine Frau fragt, ob Du nicht Lust auf einen gemeinsamen Spaziergang im Park oder ein gemeinsames Abendessen hast, sei Dir gewiss, dass ihre Hormone Dir ihren Dienst erwiesen haben. In diesem Fall kannst Du behutsam am Aufbau einer Beziehung arbeiten. Dabei ist jedoch absolute Zurückhaltung gefragt. Denn die Frau hat sich verstandesmäßig darauf festgelegt, dass sie mit Dir keine Beziehung anfangen will. Jedoch hat sie hierbei ihre genetische Programmierung und die damit verknüpfte Biologie nicht beachtet, welche sie direkt in Deine Arme führen. Eine Frau hat in diesem Fall nur zwei Möglichkeiten: Entweder sie beendet diese beginnende Beziehung sofort, oder sie gibt sich ihren Hormonen und Genen hin. Auf beides solltest Du vorbereitet sein und sie in ihrer Suche nach dem Richtigen nicht bedrängen. Sie steht im Moment in einem Konflikt zwischen ihrem Verstand und ihrer Biologie. Du als Held solltest dieses Wissen nicht gegen sie benutzen, sondern Dein Heldentum ganz sanft in ihr Leben einfließen lassen. Damit erleichterst Du ihr die Entscheidung für Dich, selbst wenn es ihr im ersten Moment nicht bewusst ist.

Tipp 7: Der Zyklus einer Frau

Dieser Tipp ist besonders für Männer in einer Beziehung geeignet, denn hier ist die Wahrscheinlichkeit groß, dass Ihr den Zyklus Eurer Frau kennt. Wenn nicht, dann bringt das so schnell wie möglich in Erfahrung, denn es kann Euch eine Menge Sex bescheren. Und hey!, es gibt mittlerweile sogar eine App dafür, auf der Du ganz genau ablesen kannst, wann es soweit ist.

Wie wir ja nun wissen, steht für Frauen Sex nicht so sehr im Vordergrund wie für Männer. Was aber nicht heißt, dass Frauen Sex-Muffel sind, ganz im Gegenteil. Je mehr Deine natürlich Männlichkeit, Dein Held-Sein, zum Tragen kommt, umso mehr Sex wird Deine Frau mit Dir haben wollen. In der heutigen Zeit hat eine Frau sehr gerne Sex mit Dir, wenn Du z.B. ein dickes Auto fährst, ihr wundervollen Schmuck schenkst oder in gewissen Situationen liebevoll mit Kindern umgehst. Sie findet Dich auch höchst anziehend, wenn Du konzentriert an einem Projekt arbeitest oder Dinge für sie erledigst, für die es eines starken Mannes bedarf. All das löst in ihr das Verlangen aus, sich mit diesem Helden zu paaren.

Eine weitere biologische Prämisse ist der Eisprung der Frau. In diesem Zeitraum brechen bei ihr alle Dämme für Sex und sie ist mehrfach am Tag bereit, mit Dir zu schlafen. In diesem Fall empfehlen wir Dir in der Nähe zu sein. :) Wenn Du also den Zyklus Deiner oder einer Frau kennst, dann kannst Du als Mann auf dieses Ereignis hinarbeiten. Inszeniere für diese Tage ganz besonders schöne Stunden in einer einsamen Sauna, in einem guten Hotel oder in Eurer gemeinsamen Wohnung. Am besten solltest Du Dir Urlaub nehmen, denn so schnell werdet Ihr nicht mehr aus dem Bett kommen. Besonders Männer, die sich darüber beschweren, dass sie in ihrer Beziehung nicht genug Sex bekommen, können so ein neues „Halleluja" erleben. Davon abgesehen wird, wie gesagt, nach Deiner Helden-Reise Deine Frau sowieso ständig Sex mit Dir haben wollen, denn… welche Frau will schon so einen Helden an eine andere Frau verlieren? Bedenke, dass es bei Deiner Helden-Reise nicht nur um Deine Sicht auf die Frauenwelt geht, sondern damit verändert sich ebenso die Sicht der Frau auf Dich. Je mehr Du Dich als Mann zu einem attraktiven, heldenhaften Angebot entwickelst, umso mehr wird Deine Frau bestrebt sein, Dich an ihrer Seite zu haben. Erinnert Euch, so gut wie jede Frau will einen Helden und wenn Du Dich dazu transformierst, hat sie in ihrem

Leben etwas, dass in unserer heutigen Zeit nicht all-
täglich ist. Und eine Frau weiß das! ;)

Tipp 8: Kids Nr. 2

Dieser Tipp ist für Männer, die Kinder haben. Bevor
Kinder in das Leben eines Paares kommen, haben sich
beide Partner zu ihrer gegenseitigen Nr. 1 in der Beziehung gemacht. In den ersten Jahren, wenn die Kinder aufwachsen, nehmen sie den Platz der Nr. 1 ein,
denn ihnen gilt die ganze Aufmerksamkeit des Mannes
und besonders die der Frau. Jedoch verbleiben viele
Paare, dabei hauptsächlich die Frauen, selbst in späteren Jahren noch in diesem Modus, was einem erfüllten
Mann-Frau Zusammenleben wieder entgegenwirkt.
Wenn Ihr weiter an einer erfüllten Partnerschaft, auch
in Familie, interessiert seid, ist es ratsam beide Partner
wieder auf die Position 1 und die Kinder dann auf Position 2 zu setzten. Eine Familie ist Vater, Mutter,
Kind und nicht Mutter, Kind, Vater. Dieser Switch
sollte vollzogen werden, wenn die Kinder einigermaßen selbständig sind. Kinder an Position 2 zu setzten,
heißt auf gar keinen Fall, sie zu vernachlässigen oder
weniger zu lieben. Ganz im Gegenteil! Für Kinder ist
diese 2. Position sogar viel besser als an Position 1 zu
stehen, die von Natur aus für den Partner vorgesehen
ist. Kinder orientieren sich an ihren Eltern und bekommen genau mit, was für eine Beziehung Ihr lebt.
Wenn Ihr in einer starken Nr.1-Nr.1 Partnerschaft

seid, kann ein Kind sich daran ausrichten und in der Sicherheit, Liebe und Geborgenheit dieser Partnerschaft aufwachsen. Besonders für Frauen ist es nicht leicht, diese Nr. 1 Mann-Frau-Konstellation wieder herzustellen, die jedoch für Euch wichtig ist, um eine inspirierende Partnerschaft - ebenso mit Familie - zu leben. Hier bedarf es abermals Deiner Männlichkeit, die Frau erneut in den Genuss der Zweisamkeit zu führen. Stelle eine Wohlfühlatmosphäre für Deine Frau und die Kids her, in der sie immer mehr loslassen und sich wieder voll und ganz auf Dich einlassen kann. Stärkt Euer gemeinsames Band und Eure Kinder werden es ebenso gut finden. Denn für sie ist eine ausgeglichene Mann-Frau-Partnerschaft genauso wichtig, wie für Euch beide.

Tipp 9: Walk the Dog

Dieser Tipp ist für die ganz Schüchternen oder die ganz gerissenen Helden unter Euch. Es gibt einen simplen Trick, um mit Frauen ins Gespräch zu kommen und diesen erledigt der beste Freund des Menschen. Als Hundebesitzer weißt Du, wovon wir reden. Wenn Du also so schüchtern bist, dass Du nicht den blassesten Schimmer hast, wie Du mit einer Frau ins Gespräch kommen sollst, dann lege Dir einen Hund zu. Wenn das nicht geht, dann leihe Dir hin und wieder einen Hund bei Freunden, um mit diesem vor die Tür zu gehen. Hunde steuern geradewegs auf andere

Hunde zu, und wenn dieser Besitzer weiblich ist, dann heißt das schon einmal Volltreffer für Dich. Das Schöne dabei ist, dass es hier erstmal gar nicht um ein Mann-Frau Kennenlernen geht. Die Hunde stehen im Vordergrund und dienen gleichzeitig als Synonym, dass sich ebenfalls die Besitzer besser kennenlernen. Du musst hierbei nicht gleich die Telefonnummern austauschen, denn Du kannst Dir gewiss sein, dass Du die Frau mit dem Hund bald wieder treffen wirst. Die cleveren Helden kennen dieses Phänomen schon sehr lange. Wenn Ihr Hundebesitzer seid, dann habt Ihr bestimmt schon die eine oder andere Hundebesitzerin so kennengelernt oder seid bereits in einer Beziehung mit ihr.

Tipp 10: Wenn Du mit einer Frau sprichst, zitiere aus unserem Buch. Verrate dabei aber nicht die Strategien und lasse ebenfalls unsere Tipps außen vor. ;)

Hinweis in eigener Sache für die Frauen

Bei unseren Gesprächen, die wir mit Frauen geführt haben, wurde uns klar, dass viele Frauen gerne ihre Fragen zu Männern auch einmal von Männern beantwortet bekommen. Ihnen fehlt in vielen Bereichen genauso das Wissen oder das Verständnis über das andere Geschlecht, und sie stehen uns Männern in einigen Dingen ebenso fragend gegenüber. Oft kommen sie hier durch die Gespräche mit ihren Freundinnen nicht weiter, da diese selbst Frauen sind. Deshalb wird es ein zweites Buch von uns, speziell für Frauen, geben, in dem Fragen zu Männern und dem Mann-Sein beantwortet werden. Außerdem erfahrt Ihr Frauen in diesem Buch, was wir Männer, abgesehen vom Sex, noch von Euch wollen…!

Um Eure persönlichen Fragen in diesem zweiten Buch beantworten zu können, würden wir gerne von Euch wissen, welche Fragen Euch bewegen.

Daher könnt Ihr auf unserer Webseite:

www.dermanneinheld.de

Eure Fragen einreichen, die dann im Buch beantwortet werden. Auf dieser Webseite könnt Ihr die Fragen völlig anonym stellen und auch im Buch werden keine Namen veröffentlicht. Es geht einzig und allein um die Beantwortung der Fragen, damit Ihr Frauen Euch ebenso besser in unsere Welt hineinversetzen könnt.

Wir freuen uns auf Eure Fragen! :)

Danksagung

Vor vielen Jahren haben wir uns die Frage gestellt, was es mit den Frauen auf sich hat. Oft standen wir verständnislos vor der weiblichen Schöpfung und haben rein gar nichts geblickt. Uns kamen viele Dinge im Zusammenleben mit Frauen wie Zufall vor, und wir konnten kein System dahinter erkennen. Die Absicht, dieser Komplexität auf den Grund zu gehen, war der Beginn unserer Helden-Reise. Nun, einige Jahre später, haben wir so viel funktionierendes Wissen über Frauen in Erfahrung gebracht und in der Praxis angewandt, dass wir es hier niederschreiben konnten. Schritt für Schritt haben wir die Frauenwelt beleuchtet und tolle Erkenntnisse gesammelt. Je mehr wir die Frauen verstehen, umso wundervoller sind sie für uns. Frauen, diese grazilen und filigranen Wesen, sind die größte Bereicherung, die ein Mann in seinem Leben haben kann. Daher geht unser erster Dank an alle Frauen auf diesem Planeten, die unser Leben als Männer vervollkommnen.

Der zweite und ganz besondere Dank geht an unsere wunderbaren Mütter, die uns das Leben als Mann geschenkt haben.

Der dritte Dank geht an unsere Väter, die die ersten Männer in unserem Leben waren, zu denen wir aufschauen konnten.

Ein Dank an alle Männer, die bereits ein Held sind und jederzeit eine inspirierende Quelle, um sich als Held immer weiterzuentwickeln.

Ein Dank an Euch Leser. Neue Helden sind geboren!

Und natürlich auch ein Danke an Euch Leserinnen, die Ihr unseren Helden-Weg supportet!